단 7초 만에 상대를 사로잡는
대화의 기술

분위기를 깨는 사람, 분위기를 띄우는 사람의 대화법

단 7초 만에 상대를 사로잡는

대화의 기술

노구치 사토시 지음 | 권혜미 옮김

대화는
말을 주고받는 것이 아니라
감정을 주고받는 것이다

N넥스웍

우리가 자유로워지려면 약간의 방법이 필요하다.
그것은 대화할 때 7초만 의식하면 실천할 수 있는
아주 사소한 것들이다.

PREFACE
시작하며

누구라도 자유롭고 편안하게 대화할 수 있게 된다.

여기 있는 모든 사람이 배꼽 빠지게 웃거나, 나이 차이와 생활 격차를 뛰어넘어 마음이 통하거나, 최고의 기분에 빠져드는 것, 이것이 바로 대화 중 활기가 띠는 현상이다. 그 즐거움과 행복감은 이루 말할 수가 없다. 그것은 재벌이든 평범한 소시민이든 누구나 평등하게 맛볼 수 있는 행복한 시간이다.

그러나 그러한 행복한 때가 현재 우리의 일상에서 거의 사라져버렸다. 이전에는 많은 사람이 하루에 한 번은 당연하게 했던 것, 서로 웃고 대화했던 것이 지금은 동경이 되어버렸다.

이야기가 무르익으려면 어떤 조건이 필요할까. 그것은 분명 서로의 마음이 자유롭고 편안한 것이어야 한다. 그리고 행복은 자유 안에 존재한다.

'이런 말을 하면 저 사람이 어떻게 생각할까?'

'혹시 날 쉽게 보지 않을까?'

우리 마음에 이러한 기분이 든 적이 있을 것이다. 또는 꼰대처럼 보일까 봐, 남의 사생활을 캐묻는 질문일까 봐 말을 아낀 적도 있을 것이다.

하지만 필자는 그것도 사람과 사람의 마음이 이어지는 말이라고 생각한다. 물론 남에게 상처 주는 말은 하면 안 된다. 그러나 지금 세상에 퍼지고 있는 말 사냥꾼은 우리에게서 자유와 즐거움을 빼앗고 있다.

그래서 우리는 지금 어쩔 수 없이 누구나 다 알고 있는 말, 남에게 비난받지 않을 말만 하게 되었다.

그러나 "누군가를 위해 일하고 싶다.", "모두에게 감사하다.", "가족이 제일 소중하다."처럼 누구나 다 알고 있는 뻔한 말로는 분위기를 살릴 수 없다.

온 세상이 모두 다 자유롭다고는 말할 수는 없다. 그러나 "가정사를 솔직하게 고백하자.", "자존심을 내려놓고, 내 실패담을 털어놓자." 정도의 이야기라면 누구나 허용해줄 것이다.

내가 자유로워지면 주변에도 자유로운 사람이 모이게 된다. 그러면 자연히 이야기도 쉽게 무르익는다. 우리가 자유로워지려면 약간의 방법이 필요하다. 그것은 대화할 때 7초만 의식하면 실천할 수 있는 아주 사소한 것들이다. 그럼 이 책을 꼭 참고하길 바란다.

Conversation Method
CONTENTS

PART 01

상대방의 마음을 순식간에 사로잡는 방법

: 첫인상이 좋은 사람은 이것이 다르다

PART 02

분위기를 깨는 사람, 분위기를 띄우는 사람의 대화법

: 이것 때문에 대화가 끊긴다

PART 03

누구와도 끊기지 않는 대화법

: 이것만 알면 상대방이 알아서 말한다

PART 04

어색한 사이가 극적으로 바뀌는 대화법

: '불편한 사람'도 이것만 알면 괜찮다

마음을 터놓으면 대화는 활기가 띤다

1장
상대방의 마음을
순식간에 사로잡는 방법

첫인상이 좋은 사람은 이것이 다르다

편의점에서 아르바이트생에게
"고맙습니다."라고 말할 수 있는가

처음 보는 사람과 금세 마음을 터놓고 지낼 수 있다면 다양한 인맥을 쌓을 수 있게 된다.

그 힘을 키우기 위해서는 우선 '모르는 사람에게 말 거는 힘'을 키워야 한다.

이 힘에는 상당히 높은 커뮤니케이션 능력과 깊은 애정이 필요하다. 만약 이 힘을 가진다면 온 세상의 다양한 사람과 깊은 관계를 쌓을 수도 있다.

인류가 이렇게까지 번영한 이유는 무엇일까? 그것은 얼굴도 모르는 많은 사람이 서로 긴밀하게 연결되어 있고, 서로를 돕고, 서로에게 영향을 미쳤기 때문이다.

사람들이 제발 이 힘의 중요성을 꼭 기억해두길 바란다.

편의점에서 아르바이트생에게 "고맙습니다."라고 말해보자

이를테면 당신은 같은 건물에 있는 다른 회사 직원(가끔 얼굴을 마주치는 사람)을 엘리베이터에서 만났을 때 "안녕하세요."라고 인사할 수 있는가?

또는 집에 물건을 배송해주는 택배기사를 길에서 만났을 때 "수고하십니다."라고 말할 수 있는가?

아니면 편의점에서 물건을 살 때 아르바이트생에게 "고맙습니다." 하고 말할 수 있는가?

언제부터인가 우리는 모르는 사람과는 절대 대화하지 않게 되었다.

그리고 그에 따라 국민 전체의 커뮤니케이션 능력도 점점 저하되고 있다.

경제 부활의 열쇠는 커뮤니케이션 능력에 있다

경제와 커뮤니케이션 능력에는 깊은 관계가 있다.

커뮤니케이션 능력이 떨어질수록 우리의 경제력도 떨어진다.

새로운 아이디어와 참신한 기획은 전혀 다른 분야의 사람들이 서로 만날 때 비로소 탄생한다.

그러나 지금은 다른 분야에 종사하는 사람을 만나 대화하고, 그 세계에 호기심을 갖는 사람은 거의 없다.

그리고 해외에서 우리나라 기업은 다른 외국 기업에 계속 밀리고 있다.

그것은 그 나라 사람들과 서로 관계를 맺고, 마음을 나누고, 신뢰를 얻어서 상대방이 원하는 상품과 서비스를 만들어내지 못하는 것이 하나의 원인이다.

모르는 사람에게도 말을 걸 용기, 이 용기가 없는 사람은 진짜 의미에서 커뮤니케이션 능력을 키울 수 없다고 생각한다.

POINT

모르는 사람과도 관계를 맺으려고 노력하자

같은 건물에서 일하는 사람 또는 한 동네 살지만 지금까지 말을 섞지 않았던 사람에게 "안녕하세요."라고 말해보자. 그때 기분이 조금이라도 좋았다면 당신의 커뮤니케이션 능력은 매우 높다고 할 수 있다.

모르는 사람에게 말 거는 힘을 키우자

우선은 아이 콘택트부터 시작하자

한 가지 예를 들어보자. 이를테면 지인의 결혼식 자리. 8명이 앉을 수 있는 테이블에 잘 아는 사람이 6명 있고 처음 보는 사람이 2명 있다.

그때 대부분은 친분이 있는 여섯 명끼리 대화하고, 나머지 두 명은 거의 쳐다보지도 않는다.

"안녕하세요. 신랑 직장 동료 ×××입니다." 하고 자기소개를 한 후, 그 두 명을 대화에 끼워주는 사람은 거의 없다.

모르는 사람에게 말을 걸지 못하는 이유는

그것은 분명 본인이 말을 걸었을 때 상대방이 호의적인 반응을 보일지 아닐지 모르기 때문이다.

사람은 다른 사람과 친분을 쌓고 싶어 하는 반면에 거절당할지도 모른다는 두려움도 갖고 있다. 이 두려움이 우리의 행동을 막는 것이다.

옛날에는 모르는 사람과도 마음의 벽이 낮아서 자신이 말을 걸면 반드시 반응해 줄 거라는 신뢰감이 있었다.

그러나 지금은 모르는 사람에게 말을 걸지 않기 때문에 '나에게 다가오는 사람은 조심해야 한다.'는 생각을 갖게 되었다.

우리는 한 사람 한 사람이 그 어떤 유대관계도 없이 뿔뿔이 흩어져 있고, 불안에 찬 세계를 살아가고 있다.

우선은 시선을 보내자

이런 가운데 어떻게 하면 모르는 사람과 좋은 관계를 맺을 수 있을까?

대답은 아이 콘택트에 있다.

누군가를 만났다면 우선은 상대방에게 시선을 보내보자. 사람은 다른 사람의 시선을 느낄 수밖에 없다. 따라서 내가 시선을 보내면 상대방도 나에게 시선을 보낼 것이다.

그때 가볍게 인사를 해보는 것이다. 미소를 보낸다면 최고다. 단지 그것만으로도 모르는 사람과 마음이 통하고, 작은 유대관계가 생긴다.

그러면 상대방도 마음에 경계심을 풀기 시작할 것이고, 그때 말을 건다면 대화는 자연스럽게 이어질 것이다.

조금 전의 예를 다시 들어보자. 한 테이블에 아는 사람과 모르는 시람이 같이 있다면, 모르는 사람에게 아이 콘택트를 보내며 가볍게 인사해보자. 그러면 말 걸기가 매우 편해진다.

　모르는 사람과의 커뮤니케이션을 두려워하지 말고, 귀찮아하지도 말고, 마음의 문을 열고 언제라도 누군가와 친해질 수 있다고 생각하자.

　그렇게 생각하는 것만으로도 꽤 행복해질 것이다.

── POINT ──

모르는 사람에게도 나와 같은 바람과 불안이 있다

사람은 누구나 타인과 관계를 맺고 싶어 한다. 따라서 먼저 시선을 보내고 인사하는 사람은 많은 사람과 친밀감을 만들 수 있다. 인간관계는 누구에게나 큰 자산이고, 언젠가 생각지도 않게 도움을 받는 순간이 온다. 그러니 아이 콘택트를 조금씩 도전해보자.

상대방의 불안을 잠재우는 방법은

처음 보는 사람과 동석하게 됐을 때

어떤 사람들일까, 우리를 끼워줄까.

아이 콘택트를 보내서 경계심을 풀어주자.

아이 콘택트를 잘하는 사람에게는
애정과 정보와 돈이 모인다

인간에게는 독특한 역사가 있다. 그것은 "인간은 생존을 위해 오랜 기간 집단생활을 해왔다."는 것이다.

그래서 우리는 항상 집단이 우리를 받아줄지 거부할지를 신경 쓰면서 살아왔다.

이이 콘택트는 "당신을 인정합니다."라고 전하는 안심의 메시지다. 사람은 누구나 안심의 메시지를 받고 싶어 한다. 그리고 자신을 인정하는 사람 옆에 있고 싶어 한다.

반대로 아이 콘택트를 하지 않는 사람에게는 불안을 느낀다. 태고부터 인류에게 전해지는 "집단에서 거부당하면 쫓겨나 죽게 된다."는 기억이 우리를 불안하게 만드는 것이다.

무뚝뚝한 사람을 좋아하지 않는 이유도 마찬가지다. 인간이 가진 근본적인 불안을 자극하기 때문이다.

따라서 아이 콘택트는 인간관계의 입문이고, 애정의 시작이라고 말할 수 있을 정도로 중요한 커뮤니케이션 기술이다.

직장에서 아이 콘택트를 연습하자

인간관계가 좁은 사람은 타인과 아이 콘택트를 하지 못하는 경향이 있다. 이러한 경우라면 우선은 직장 등에서 아는 사람과 시선을 맞추는 연습부터 시작해보자.

물론 아무 때나 아이 콘택트를 하면 상대방도 위화감을 가질 수 있다. 따라서 아침에 출근했을 때나 저녁에 퇴근할 때 인사를 먼저 한 후에 아이 콘택트를 하고, 그러고 나서 말을 붙여보자.

모르는 사람에게도 아이 콘택트를 해보자

아이 콘택트를 활용한 커뮤니케이션 기술을 모르는 사람에게도 사용해보자. 집이나 직장 등의 엘리베이터에서 나보다 먼저 탄 사람이 있다면 눈 맞춤을 한 후에 가볍게 고개 숙여 인사해보자.

상대방이 마음이 넓은 사람이라면 눈 맞춤을 비롯한 작은 커뮤니케이션이 일어나 서로 행복해질 것이다.

물론 상대방이 눈을 완전히 피하는 경우도 있을 것이다. 그것은 상대방에게는 다른 누군가와 커뮤니케이션할 여유가 없기 때문일지도 모른다. 그러니 신경 쓰지 말고 이 멋진 습관을 계속해나가자.

아이 콘택트 하나로 인생이 바뀐다

아이 콘택트를 시도하면 뜬금없이 누군가가 말을 걸어오고, 생각지도 않았던 정보가 찾아오기도 한다.

정보가 모이면 혼자서는 상상도 할 수 없었던 엄청난 발상이 떠오르기도 한다. 게다가 솔로인 사람은 생각지도 않게 인연을 만날 수도 있다.

아이 콘택트 하나로 인생이 달라지는 경험을 꼭 해보자.

POINT

아이 콘택트를 습관화하자

아이 콘택트에는 감정을 깊고 풍부하게 전달하는 힘이 있다. 따라서 아이 콘택트를 잘하면 인맥을 넓힐 수도 있다. 집 근처, 단골 가게, 직장 등에서 아이 콘택트를 시도해보자.

아이 콘택트를 연습하자

처음에는 상대방도 위화감을
느낄지 모른다. 우선은 출근 인사나
퇴근 인사 정도가 OK이다.

만약 상대방이 눈을 마주치지 않는다면

상대방이 눈을 피해도 포기해서는
안 된다. 직장, 집 근처, 단골 가게 등
아이 콘택트할 곳을 점점 넓혀나가자.

아이 콘택트 하나로 인생이 바뀐다.

"잘 잤어?", "다녀오겠습니다.", "다녀왔습니다.", "잘자."를 말해보자

가정에서 아침에 일어났을 때 아내와 아이 콘택트하는 남편이 얼마나 될까? 자녀가 어렸을 때는 매일 즐겁게 눈을 마주치지만 성장하면서 눈 마주칠 일은 점점 줄어든다.

만약 당신이 아내와 친밀하게 아이 콘택트를 한다면 가정은 매우 원만할 것이다. 사춘기 자녀와도 아이 콘택트를 하면 그 아이는 건전하게 성장할 것이다.

그러나 결혼 생활도 시간이 지나면 타성에 빠져서 부부가 진지하게 커뮤니케이션하려는 마음도 잊게 된다.

"잘 잤어?", "다녀오겠습니다.", "다녀왔습니다.", "잘자."를 꼭 말해보자

말을 잘하고 싶다면 우선은 가정에서 어떤 커뮤니케이션 방법으로 말하는지를 재검토해야 한다.

가정에서 즐겁게 여유롭게 대화하는 사람은 밖에서도 다양한 인간관계를 맺는다.

아침에 일어났다면 아내의 얼굴을 보고 "잘 잤어?" 하고 말해보자. 지금까지 아이 콘택트를 하지 않았던 가정이라면, 아내는 당신의 얼굴을 쳐다보지도 않을 것이다. 그러나 매일 아침 인사를 반복하면 아내도 이내 당신의 시선을 느낄 것이다.

아내는 처음에는 기분 나빠할지도 모르지만, 참고 계속 아이 콘택트를 시도해보자.

집을 나설 때, 집에 돌아왔을 때, 잠들기 전에 "다녀오겠습니다.", "다녀왔습니다.", "잘자."를 말해보자. 그때 풍부한 감정을 느꼈다면 당신의 커뮤니케이션 능력은 상당히 높은 것이다.

아이 콘택트는 사춘기 자녀에게도 효과적이다

귀엽고 사랑스러웠던 아이가 중학생, 고등학생으로 성장하면 점점 부모의 말을 듣지 않게 된다.

이것은 누구나 거쳐 가는 길이다. 이때 부모가 할 수 있는 것은 그저 지켜보는 것뿐이다. 아무리 반항한다 해도 부모의 정성스러운 눈길을 느낀다면 아이는 마음속으로 미안함과 감사함을 느낄 것이다.

아침에 일어났을 때, 집을 나설 때, 집에 돌아왔을 때, 잠들기 전. 이 4번의 중요한 순간에 눈을 보고 말을 걸어보자. 그것만으로도 반항심 가득했던 태도는 줄어들 것이다.

직원을 대하는 태도도 달라진다

가정에서 이런 부드러운 아이 콘택트를 계속하면 결국 직원을 대하는 태도에도 변화가 생긴다.

가정에서 일어나는 일은 바깥 세계에도 영향을 미친다.

"최근에 과장님 인상이 많이 부드러워졌어요."

틀림없이 이런 말을 들을 수도 있다.

──── POINT ────

가정에서의 커뮤니케이션 변화는 직장에서도 좋은 영향을 미친다

우선은 가정에서 제대로 된 커뮤니케이션을 할 것. 기혼자는 아내나 남편, 자녀와 시선을 맞추려고 노력하고, 혼자인 사람은 부모와의 관계를 개선해보자. 마음을 담아 아이 콘택트하는 습관을 들이면 직장에서의 인간관계도 달라지기 시작할 것이다.

가정에서 아이 콘택트를 노력하자

직장에서 사람을 대하는 태도가 달라진다.

만난 순간 '기분 좋은 사람'이
되는 방법은

등장만으로도 주변의 분위기가 밝아지는 사람이 있다. 또는 이야기를 나눠보지도 않았는데 왠지 느낌이 좋은 사람이 있다.

반대로 그 사람이 있는 것만으로도 분위기가 어두워지는 경우도 있다.

즉 우리는 아무 말 하지 않아도 몸으로 무언가를 발산한다. 물론 당신도 주변에 어떠한 분위기를 풍기고 있다.

우리의 정보가 우리의 분위기를 만든다

우리는 누군가와 만났을 때 '대화가 통하는 사람', '다가가기 어려운 사람', '나와 잘 맞는 사람'이라는 느낌이 들 것이다.

분위기는 정보가 만들어낸다. 아무 말 없이 조용히 있어도, 그 사람 몸에 새겨진 특유의 정보가 흘러나오는 것이다.

평소에 잘 웃고, 친절하고, 사람에게 관심이 많고, 감정이 풍부한 사람은 그곳에 있는 것만으로도 수용적인 분위기가 생긴다.

반대로 남에게 무관심하고, 마음이 좁고, 표정이 어둡고, 불만이 많은 사람은 거부반응을 나타낸다.

현대인이고, 남성이고, 중년 이상이고, 회사원이라면 대부분이 이 거부반응을 지닌 사람에 들어간다.

그만큼 현대 회사원은 감정과 동떨어진 채 스트레스투성이로 살아가고 있는 것이다.

처음 만난 사람에게 안정감을 주자

우리가 가진 분위기가 첫 만남의 관계에 영향을 미친다는 것은 당연한 사실이다. 사람은 누구나 자신을 너그럽게 받아주는 사람 옆에 있고 싶어 한다.

따라서 집에서 자주 가족과 대화하면서 따뜻한 감정을 사용하는 습관을 들여야 한다.

모르는 사람을 걱정하고, 친절한 마음으로 다가가면 결국 우리의 분위기도 바뀌게 된다. 그러면 어느샌가 우리는 대화가 잘 통하는 사람으로 바뀌어 있을 것이다.

존재만으로 주변을 환하게 만드는 사람의 가치는 무한대다

친절하고 수용적인 사람은 존재만으로도 주변을 따뜻하게 만들고, 직장 환경을 좋게 만든다.

그런 사람이 조직에 필요한 것은 당연하다. 물론 일을 월등하게 잘하는 사람이 좋은 평가를 받겠지만, 실력이 비슷하다면 느낌이 좋은 사람이 그렇지 않은 사람보다 직무상 높은 평가를 받는다.

남에게 거부반응을 나타내고 무관심한 사람은 우선 친한 사람부터 대하는 방식을 바꿔보면 좋을 것이다. 행동을 바꿈으로써 가장 행복해지는 사람은 결국 자기 자신이다.

POINT

다른 사람에게 안정감을 주는 사람은 인맥도 풍부하다

다른 사람에게 안정감을 주는 사람은 처음 만나는 사이라도 금방 마음을 터놓고 깊은 이야기까지 나눌 수 있게 된다. 또한 편하게 말 걸 수 있는 사람이 되면, 인맥도 넓어진다. 따뜻한 마음으로 상대방을 대하는 것이 무엇보다 중요하다.

직장을 밝게 만드는 사람, 어둡게 만드는 사람 체크 리스트

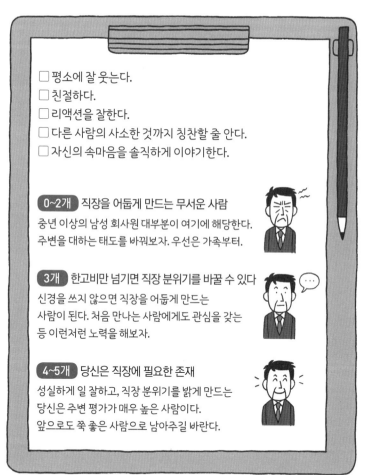

☐ 평소에 잘 웃는다.
☐ 친절하다.
☐ 리액션을 잘한다.
☐ 다른 사람의 사소한 것까지 칭찬할 줄 안다.
☐ 자신의 속마음을 솔직하게 이야기한다.

0~2개 직장을 어둡게 만드는 무서운 사람
중년 이상의 남성 회사원 대부분이 여기에 해당한다.
주변을 대하는 태도를 바꿔보자. 우선은 가족부터.

3개 한고비만 넘기면 직장 분위기를 바꿀 수 있다
신경을 쓰지 않으면 직장을 어둡게 만드는
사람이 된다. 처음 만나는 사람에게도 관심을 갖는
등 이런저런 노력을 해보자.

4~5개 당신은 직장에 필요한 존재
성실하게 일 잘하고, 직장 분위기를 밝게 만드는
당신은 주변 평가가 매우 높은 사람이다.
앞으로도 쭉 좋은 사람으로 남아주길 바란다.

타인에게 안정감을 주는 사람은 인맥도 넓어진다.

첫 만남에서 상대방과
거리를 좁히는 방법

이름은 본인에게 있어서 매우 중요하다.

"다른 사람의 이름은 기억하면서 내 이름만 기억하지 못하는 사람이 있다면, 두 번 다시 만나지 않을 것이다."

이렇게 말하는 사람도 있다.

따라서 첫 만남이라도 사전에 상대방의 이름을 알 수 있으면 반드시 그 이름을 기억해두는 것이 좋다. 자료를 보면서 "성함이…… ○○ 씨로군요."라고 말하면, 그것만으로도 친밀감을 잃게 된다.

아침에 직원을 만났다면 "○○ 씨, 좋은 아침이에요." 하고 말하자

처음 만나는 사이라면 조금 떨어진 거리에서 얼굴을 보고 "○○ 씨." 하고 부드럽게 이름을 말해보자.

그러고 나서 "안녕하세요." 하고 인사하는 것이다.

"안녕하세요, ○○입니다." 하고 자기소개부터 시작하는 것보다, 상대방의 이름을 불러주면 매우 빨리 친한 사이가 된다.

이것은 일상에서 자주 만나는 사람에게도 유용한 가치가 있다.

이를테면 아침에 직원을 만났다면 "안녕."이라고 말하기 전에 이름을 붙여보자. 그것만으로도 그 사람과 커뮤니케이션이 원만해질 것이다.

처음에는 부끄러운 마음에 황급히 그 자리를 뜰지도 모르지만, 상대방의 얼굴이 확 밝아지는 것을 본다면 부끄러움은 기쁨으로 바뀔 것이다.

대화 중간에 이름을 넣으면 친밀감이 더욱더 깊어진다

대화 중간에 이름을 넣어서 말하면 더욱더 편안한 분위기가 만들어진다.

"○○ 씨는 커피를 좋아하세요, 홍차를 좋아하세요?"

"○○ 씨 부인은 어떤 일을 하세요?"

이런 느낌으로 사용해보자. 말을 잘하는 사람은 이러한 기술을 자유자재로 사용한다.

필자도 강의 중에는 가능한 한 수강생의 이름을 부르려고 노력한다. 한 반에 스무 명이 넘으면 그 모든 수강생의 이름을 기억할 수는 없지만, 그래도 사전에 반드시 이름을 기억하려고 노력한다.

사람의 이름을 기억하는 방법

누군가의 이름을 기억하고 싶다면, 그 이름과 열심히 씨름하는 수밖에 없다. 그 사람의 이름을 몇 번이나 쓰고, 유명인의 이름과 연결하고, 대화 도중에 몇 번이나 그 사람의 이름을 부르는 방법 등이다.

그러나 중요한 것은, 상대방의 이름을 왜 기억하려고 하는지 그 이유를 깨달아야 한다. 그 이유는 그 사람이 소중하기 때문이다.

POINT
이름을 효과적으로 넣으면 친밀감이 상승한다

처음 만나는 사람이라면 "○○ 씨군요." 하고 이름을 부르고, 대화 도중에도 "○○ 씨 회사는 ○○ 역에 있나요?" 등 이름을 넣어 말하려고 노력해보자. 그것만으로도 커뮤니케이션이 원만해질 것이다.

이름을 잘 기억하는 방법

대화에 이름을 넣어서 말한다

유명인의 이름과 연결한다

기억하고 싶은 사람의 이름을 몇 번이나 쓴다

이름을 기억하고 부르는 것만으로도
상대방과의 거리가 확 줄어든다.

처음에는 '위로의 말'부터 시작하자

누군가와 딱 만났을 때 무엇을 주제로 말해야 할지 몰라 망설이는 사람도 많을 것이다. 그런 사람에게 추천하는 것이 '위로의 말'이다.

위로의 말을 효과적으로 사용해서 대화를 자연스럽게

위로의 말은 계절이나 날씨에 눈을 돌리면 충분히 찾을 수 있다.

한참 더운 여름이라면, 얼굴을 마주친 순간 "오늘 날씨가 너무 덥지요?", "햇볕이 너무 강하네요." 하고 상대방을 위로하는 것이다.

몸이 얼어붙을 것 같은 추운 겨울이라면 "날씨가 너무 춥네요." 하고 말을 거는 것이다.

비가 오는 날이라면 "신발이 다 젖어서 불편하시겠어요.", "옷이 많이 젖었네요."라고 할 수 있고, 바람이 강한 날이라면 "걸어가기 힘드시겠어요."라고 말할 수 있다.

그러면 상대방도 "너무 더워서 못 참겠어요.", "숨쉬기가 힘들 정도예요."라고 대답하며 자연스럽게 분위기가 부드러워질 것이다.

그리고 나서 잠시 날씨 이야기를 나누면 그 후의 업무 이야기도 자연스럽게 진행될 것이다.

우리 집이나 사무실이 찾아오기 힘든 곳이라면 "찾기 힘드셨죠?", "멀리서 오셨네요."라고 말할 수 있다.

직접 자동차를 운전해서 온 사람에게는 "길이 많이 막혔지요?"라는 말을 해보자.

날씨나 상대방의 현재 상황을 헤아리면 누구나 문득 떠오르는 말이 있을 것이다.

평소에 배려심이 있으면 입에서 자연스럽게 흘러나오는 당연한 말이다.

가족이나 직장 사람들에게도 위로의 말을 건네보자

처음 만나는 사람이나 거래처 사람에게는 위로의 말을 잘 건네도, 가족이나 직장 사람에게는 거부감을 느끼는 사람이 있다.

아내에게 "짐 무거웠지?", "오늘 많이 추웠지?" 하고 말하는 남편이 몇 퍼센트나 될까.

또는 영업에 성공하지 못하고 회사로 돌아온 직원에게 "피곤하겠네. 수고했어." 하고 위로하는 상사는 얼마나 될까.

남자는 위로에 서툴다

특히 남자는 동정받는 것을 싫어하는 동물이다. 그래서 다른 사람도 그럴 거라고 착각해서 위로의 말을 건네지 않는 것이다

그러나 그런 남자도 집에 돌아왔을 때 아내가 "요즘 많이 바쁘지? 피곤하겠다."고 위로의 말을 하면 기분이 매우 좋아질 것이다.

위로는 인간관계를 원만하게 만들어주는 훌륭한 말이다. 자연스럽게 말할 수 있을 때까지 위로의 말을 꼭 연습해보자.

"남자는 정말 약하다. 그래서 강한 척하며 살아간다."

이 사실을 아는 남자만이 아내나 자녀에게 대접받는다.

POINT

위로의 말은 상대방을 배려하는 마음에서 태어난다

날씨나 상대방의 상황에 주의를 기울이고, 상대방의 힘든 상황을 안다면 위로의 말은 자연스럽게 흘러나올 것이다. 위로의 말을 잘 사용하면 그 후의 대화가 원만하게 진행된다.

날씨를 주제로 상대방을 위로하자

더운 여름날

많이 더우시죠?

추운 겨울날

많이 추우시죠?

비 오는 날

발이 다 젖어서 불편하시겠어요.

바람이 강한 날

걷기 힘드시겠어요.

만나기로 한 장소가 찾기 어려울 때

찾기 힘드셨죠?

도로가 혼잡할 때

길이 많이 막혔지요?

상대방의 힘든 상황을 알면 위로의 말은 자연스럽게.

처음 만난 사람과는 짧게 대화하고
상대방의 태도를 보자

처음 만나는 사람과는 공통 화제를 쉽게 찾을 수 없다. 그래서 대화를 어렵게 생각하는 사람도 많다.

"야구 좋아해요?" 등 자신이 좋아하는 것을 주제로 던져도 좀처럼 대화는 이어지지 않는다.

그럴 때는 다른 화제를 찾아서 대화를 이어가야 한다.

가장 좋은 화제는 날씨다.

"오늘은 날씨가 조금 춥네요."

이 정도의 얘기라면 상대방도 "그렇네요." 하고 맞장구쳐줄 것이다.

짧게 대화하고 상대방의 태도를 보자

대화가 서툰 사람은 그 후의 전개에 대해서 자신이 없어 한다. 그래서 날씨를 주제로 말하는 것을 주저한다. 날씨 이야기를 꺼냈을 때 "그렇네요." 하고 짧게 대답하면 대화가 끝나버리기 때문이다.

그럴 때는 그 주제에 대해서 자신의 화제를 조금만 덧붙이면 대화가 자연스럽게 이어진다.

"오늘은 날씨가 춥네요."

"그러네요."

"코트를 입어야 할지 고민했어요."

여기서 중요한 것은 짧게 끊고 상대방의 태도를 보는 것이다. 그 화제에 오를지, 질문할지, "그렇습니까."라고만 말하고 끝낼지.

상대방은 그 화제에 관심이 없을 수도 있다. 그것을 모른 채 계속해서 말하면 상대방의 마음은 우리에게서 점점 멀어질 것이다. 그 상대방이 회사의 중요한 거래처 직원이라면 큰 문제다!

대화는 서로가 즐거워야 비로소 활기가 띤다. 따라서 처음에는 상대방이 그 화제에 관심을 가질지 말지 살피면서 대화를 진행해야 한다.

화제는 날씨 이외에도 그곳에 있는 것이라면 무엇이든 상관없다. 상대방이 가지고 있는 팸플릿, 옷, 창밖으로 보이는 풍경, 커피숍 메뉴, 거기에 놓여 있는 신문 기사 등등.

잘 관찰하면 화젯거리는 충분히 많이 있다.

사인을 보내자! '당신에게 관심이 있다.', '당신을 받아들일 마음이 있다.'

잡담을 통해서 서로의 거리를 좁히려면 그저 대화하는 것만으로는 부족하다.

아이 콘택트를 하고, 진심으로 맞장구를 치고, 칭찬할 것은 칭찬해야 한다.

그러면서 '당신에게 흥미가 있다.', '받아들일 마음이 있다.'는 사인을 보내야 한다.

그래야 비로소 서로 마음을 터놓을 수 있게 된다.

―――――― POINT ――――――
잡담하면서 상대방과 거리를 좁히자

처음 만나는 사람과 대화할 때는 오늘의 날씨나 창밖으로 보이는 것을 화제로 삼으면 자연스럽게 대화가 이어진다. 잡담하면서 상대방의 마음에 공감하고 수긍하면 서로의 거리가 줄어든다.

잡담으로 상대방과의 거리를 재자

팸플릿, 옷, 메뉴 등 그곳에 있는 것이라면 무엇이나 화제가 된다.

상대방의 취향을 알면
대화의 폭이 넓어진다

칭찬을 잘하면 인간관계는 의외로 쉽게 원만해진다. 그러나 우리는 칭찬하는 것, 칭찬받는 것에 서툴러서 칭찬을 꽤 어려워한다.

이렇게 칭찬에 서툰 사람에게 추천하는 것이 지금 알게 된 것을 말로 표현하는 것이다.

"머리카락 잘랐나 봐요?", "이거 최신 핸드폰이지요?", "가방 예쁘네요." 등 눈에 보이는 것을 말로 표현하는 것뿐이다.

칭찬을 '상대방을 치켜세우는 것'이라고 오해하는 사람도, 이 정도라면 거부감없이 상대방을 칭찬할 수 있을 것이다.

안경, 넥타이, 가방, 신발로 눈을 돌리자

사람에게는 누구나 관심사가 있다. 그것을 알아채고 말해주는 사람에게는 무조건 마음을 연다.

상대방이 남성이라면 위에서 아래로 안경, 넥타이, 가방, 신발 등으로 시선을 향해보자.

보통 사람보다 센스가 좋은 것, 새것으로 바꾼 것, 고가의 브랜드인 것. 그런 것들을 알아봐 주는 사람을 누구나 기다리고 있다.

행동을 '알아차리면' 매우 큰 신뢰를 얻을 수 있다

더욱 기쁜 것이 작은 행동을 알아보고, 그것을 말로 표현하는 것이다.

어느 유명인의 출판 기념회에 초대받았을 때의 일이다.

처음 보는 남자가 나에게 말을 걸어왔다.

"조금 전에 1층 화장실에서 뒤에 줄에 서 있던 사람에게 '오래 기다리셨습니다.'라고 말한 분 맞지요? 매너가 엄청 좋으신 분이라고 생각했는데, 이렇게 같은 파티에서 뵙게 되어 영광입니다."

내 행동의 가치를 인정해주는 사람에게는 누구나가 더없이 좋은 행복감을 느낀다. 그때 그 남자와 나는 순식간에 대화가 무르익었고, 페이스북 친구도 되었다.

어색한 칭찬보다 작은 표현이 사람을 즐겁게 해준다. 작은 표현을 꼭 도전해보자.

사람은 '관심사'를 알아봐 주는 것에 행복감을 느낀다

이전에 잡지 취재를 받았을 때의 일이다. 편집자의 안경이 매우 센스 있어서 "그 안경 어디서 사셨어요?"라고 물었다. 그러자 이야기가 갑자기 무르익기 시작했다. 사람은 자신의 관심사에는 많은 대화거리를 가지고 있다. 그래서 평소에는 그다지 말이 없는 사람도 관심사를 언급하면 말이 많아지게 된다.

상대방이 처음 보는 사람이라면 그 사람의 관심사부터 이야기해 보면 좋을 것이다.

POINT

상대방에게 관심 갖는 것부터가 시작이다

상대방에게 관심을 내보이는 것은 커뮤니케이션의 시작이다. 특히 상대방의 행동에 눈을 돌리면 다른 사람과의 차이점이 눈에 보일 것이고, 그것을 주목해 말하면 상대방에게 무한한 신뢰를 얻을 수 있다. 대화는 그때부터 크게 발전하니까 이 습관을 꼭 들여보자.

상대방의 '관심사'를 알자

안경

헤어스타일

넥타이

양복

시계

휴대전화

가방

신발

그 사람의 '관심사'를 칭찬하면 상대방은 무조건 마음을 연다.

말주변이 없는 사람일수록 사용해보자. 대화를 자연스럽게 끌어내는 숨은 비법

내 명함은 최근까지 '이름', '회사명', '회사 주소', '전화번호'만 적혀있는 심플한 것이었다.

명함 재질에 많은 공을 들여서 그것을 주제로 말한 사람은 있었지만, 재질만으로 이야기가 깊어진 적은 없었다.

그러나 최근에 모임에 초대받는 일이 늘어나면서 점차 다양한 사람과 대화할 기회가 늘어났고, 생각 끝에 명함도 다시 만들기로 결심했다.

최근에는 명함 뒷면에 일과 관계없는 정보를 적어놓는 사람도 늘어났다. 그래서 나도 명함 뒷면에 대화 기회가 될 말을 적어놓았다.

가장 반응이 좋았던 것은 '좋아하는 애니메이션'이다

내 경우는 베스트셀러가 된 나의 도서 사진과 제목 그리고 '고향'과 '취미'도 적었었는데, 그중에서 가장 반응이 좋았던 것은 '좋아하는 애니메이션'이었다.

《북두의 권》(일본의 무협만화: 역자 주)을 좋아합니다."

한 마디 적어놨을 뿐인데, 많은 사람이 "나도 그거 좋아해요.", "등장인물 중에서 누가 제일 좋아요?", "가장 인상에 남는 장면은 뭐예요?" 등 질문이 쏟아졌다. 순식간에 이야기에 꽃이 피었다. 나중에 이메일을 보내는 사람도 있었다.

'나를 낮추는' 이야기를 넣어보자

'취미는 골프'라고 써도 이야기는 활기를 띠지 않는다. 커뮤니케이션의 기본적인 기술인 '나를 약간 낮추는 이야기'를 넣어야 한다.

"골프가 취미예요. 저번에 18홀에서 50타 쳤어요."

"저는 슬라이스가 많이 나오더라고요."

이렇게 자신의 실수담이나 단점을 이야기하면 친밀감이 높아져서 이야기가 활기를 띠게 된다.

명함에 이런 자기소개를 적고 다니는 신입사원을 본 적이 있다.

"저는 우리 회사의 비밀병기라고 불립니다. 그 비밀을 이대로 끝까지 가져갈 가능성도 있습니다."

이 한 문장으로 그 사람의 얼굴과 이름을 기억하는 데 도움이 되는 센스 있는 명함이다.

'일류 대학에서 보트부 동아리를'이라는 훌륭한 이력을 보고 도망치는 것과는 대조적이다.

말주변이 없는 사람일수록 효과적인 작전

IT 기업에 다니는 사람은 명함도 최첨단을 달린다. 명함 뒤에는 가족 구성이 쓰여있고, "5살 된 아들이 유치원에서 받은 찰흙으로 무언가를 만들었습니다. 그것이 뭐냐고 물었더니 닭가슴살이라고 했습니다."라는 유머가 적혀있었다.

이 사람은 몇 달에 한 번씩 명함을 바꾸면서 유머 문장도 바꾼다고 한다. 거래처 사람들은 그에게 재밌는 이야기를 또 해달라고 할 정도로 인기가 많다고 한다.

명함도 잘 연구하면 대화의 계기가 된다. 말주변이 없는 사람일수록 이 작전을 추천한다.

POINT

명함도 공들이면 대화의 꽃이 된다

명함에 대화 계기가 되는 정보를 적어두면 그것만으로도 이야기에 활기가 띤다. 좋아하는 애니메이션은 아주 좋은 재료가 된다. 자신을 조금 낮추는 이야기를 넣는다면 많은 사람에게 친근감을 줄 수 있다.

명함 뒷면에 '나의 이야기'를 적어보자

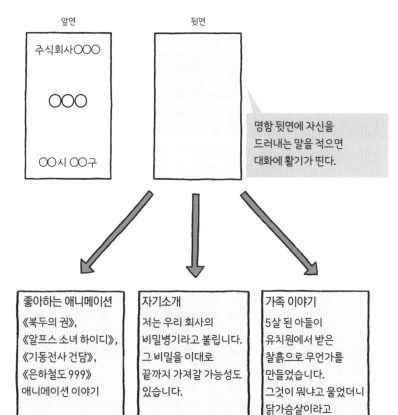

앞면

주식회사○○○

○○○

○○시 ○○구

뒷면

명함 뒷면에 자신을
드러내는 말을 적으면
대화에 활기가 띤다.

좋아하는 애니메이션
《북두의 권》,
《알프스 소녀 하이디》,
《기동전사 건담》,
《은하철도 999》
애니메이션 이야기

자기소개
저는 우리 회사의
비밀병기라고 불립니다.
그 비밀을 이대로
끝까지 가져갈 가능성도
있습니다.

가족 이야기
5살 된 아들이
유치원에서 받은
찰흙으로 무언가를
만들었습니다.
그것이 뭐냐고 물었더니
닭가슴살이라고
했습니다.

인간미를 보여주면 친근감이 올라간다.

우리에게 사랑과
만족감이 생길 소중한 방법

나는 이렇게 해서 커뮤니케이션 세계에 들어왔다

내가 커뮤니케이션을 가르치는 일에 대해 관심을 갖기 시작한 것은 29살 때였다. 그때는 많은 사람이 버블 경제에 취해있었다.

그 무렵 나는 사람들의 커뮤니케이션 방법에 조금 이변이 생겼다는 것을 느꼈다.

이를테면 아는 사람에게는 상냥하게 말하는데, 모르는 사람에게는 먼저 인사하거나 말을 걸지 않았다. 나는 그런 사람들이 점점 늘어날 거라고 예상했다.

'거절'이라는 두려움을 발견한 것이 나의 시작이다

커뮤니케이션 기술을 가르쳐주는 강의실을 열었지만, 당시 나는 매우 초짜였다. 커뮤니케이션 기술을 전문적으로 배운 적도 없었고, 물론 그것을 뒷받침해주는 자격증도 없는 상태였기 때문에 그야말로 무모한 출항이었다.

게다가 당시에는 커뮤니케이션 기술을 연구하는 사람도 매우 드물었던 시기라 참고할 만한 책도 거의 없었다. 어쩔 수 없이 나는 혼자 연구를 시작했다. 당시에 내가 가장 알고 싶었던 것은 '모르는 사람에게 왜 인사하지 않는지'였다.

나는 헬스장 탈의실에서 모르는 사람에게 "안녕하세요.", "먼저 실례할게요."라고 말해보려고 했다. 그런데 이상하게 마음에 거부감이 생겼다.

왜 그런 현상이 일어나는지 깊이 생각하자, 한 가지 결론에 이르렀다. 그렇다, 나는 상대방이 어떤 반응을 내보일지, 내 인사를 받아줄지 신경 쓰고 있었던 것이다.

즉 나는 상대방의 '거절'을 매우 두려워했던 것이다. 사람은 남이 나를 받아주기를 간절히 바라면서도 동시에 거절을 두려워한다. 이 상반되는 마음이 마음속에서 싸우고 있다는 것을 나는 깨달았다.

이것을 조금 어렵게 말하면 사람은 '연결의 힘'과 '거절의 힘' 사이에서 흔들리고 있다는 것이다.

'연결의 힘'을 선택한 사람은 강해지고, 행복을 실감할 수 있다. 반대로 '거절의 힘'을 선택한 사람은 약해지고, 고독과 외로움 속에서 절망의 삶을 살아가게 된다.

그로부터 20년 후. 당시에 내가 느꼈던 작은 불안, 사람들의 커뮤니케이션에 관한 이변은 현실이 되었다. 지금은 모르는 사람에게 인사하지 않고 말도 걸지 않는 시대가 되어버렸다.

우리의 마음은 흩어지고 부서졌고, 강인했던 정신력과 경제력은 약해져 버렸다.

그러면 우리는 어떤 힘을 고를 것인가.

'연결의 힘'은 따뜻하고 강인하지만, 그것을 손에 넣으려면 타인을 믿어야 한다. 거절당해도 끈질기게 메시지를 보내면서 연결되려고 노력해야 한다. 만약 그것이 가능하다면, 우리는 사랑과 만족감을 얻을 수 있다.

2장
분위기를 깨는 사람,
분위기를 띄우는 사람의 대화 방법

이것 때문에 대화가 끊긴다

잡담을 잘하는 사람은
인간관계도 잘 만든다

말주변이 없는 사람에게는 쓸모없는 말처럼 보이는 '잡담'. 그런데 왜 사람은 잡담을 하는 걸까.

사실 우리는 잡담을 하면서 여러 관계를 다양하게 쌓아간다.

이를테면 아침, 상대방의 얼굴을 보고 인사를 한다. 이것은 "당신은 나의 소중한 동료입니다."라는 메시지다.

고개를 끄덕이면서 상대방의 이야기를 듣는다. 이것은 "당신의 이야기를 존중합니다. 당신은 나에게 있어서 중요한 존재입니다."라는 메시지다.

내 존재를 인정해주는 사람, 나를 소중하게 생각해주는 사람에게 우리는 안정감을 느끼고, 옆에 있으려는 의지를 불태운다.

사람은 잡담할 때 아이디어가 샘솟는다

잡담을 업신여겨서는 안 된다. 사람은 생각을 말로 내뱉을 때, 내 안에 잠들어 있는 생각을 깨울 수 있다.

당신도 누군가와 잡담할 때 '아! 이거야!' 하고 아이디어가 번뜩인 순간이 있을 것이다.

사람은 혼자 조용히 생각할 때보다 생각을 말로써 누군가에게 전할 때, 보다 빨리 좋은 아이디어가 나오게 된다.

잡담력이 업무력이다

잡담은 일상에 그다지 도움이 안 되는 것처럼 보이지만 '이 사람은 나와 연결되어 있다.'라는 안정감이 있으면 좋은 유대관계로 발전되어 언젠가는 서슴없이 솔직한 의견을 물어볼 수 있다.

이를테면 새로운 기획을 개발할 때, 유대관계가 있는 동료라면 "예산 면에서 조금 어려울 거 같아." 하고 솔직하게 의견을 나눌 수 있다.

유대관계가 없으면 상대방과 대립하고 싶지 않은 생각에 속마음을 말하기 어렵고, 말이 애매해지는 폐해가 일어난다. 잡담을 잘하는 사람은 그만큼 좋은 유대관계도 쉽게 만든다.

여성은 잡담으로 행복을 느낀다

여자들은 쓸데없는 소리만 한다며 혀를 차는 남자가 있다.

그러나 여자들의 잡담은 살아가는 데 꼭 필요한 것이다.

즐거운 일이 생겼을 때, 그것을 누군가에게 들려주면 즐겁고 행복한 마음은 더욱더 커진다. 힘든 일이 있을 때는 그것을 누군가에게 털어놓으면 괴로움은 줄어든다.

잡담은 행복을 배로 늘려주고, 괴로움을 줄여주는 효과가 있다. 그래서 남성보다 여성이 행복해 보이는 것일지도 모른다. 반대로 쓸데없는 소리라며 여자를 깔보는 남자의 표정은 근엄한 것이 아니라 행복과 거리가 멀게만 보인다.

POINT

잡담은 스트레스를 줄여준다

일하기 전에 짧게 잡담을 나누는 것만으로도 인간관계가 원만해지고, 업무상 말하기 힘든 것도 솔직하게 말할 수 있게 된다. 생각을 말로 표현하면 좋은 아이디어가 떠오른다. 또한 잡담은 스트레스를 줄여준다. 따라서 잡담을 절대 업신여겨서는 안 된다.

잡담은 번뜩이는 아이디어를 낳는다

어제 집에 갈 때 말이야,
어떤 개가 집에서 달려 나와서……

정말?
그래서 어떻게 했어?

잡담은 상대방의 존재를 존중하는 사인

일을 할 때도 솔직하게 의견을 나눌 수 있는 사이로 발전된다.

그 기획서
어디까지 진행했어?

읽어보니까 내용은
좋더라고.

그런데 유감이지만,
예산 면에서 조금
어려운 점이 있을 거 같아.

일을 원만하게 진행하기 위해서도 잡담은 중요하다.

잡담에 필요한 대화법

옛날에 프로 야구 구단인 히로시마 도요 카프에 불꽃의 스토퍼라고 불리는 전설의 투수 왕이 있었다.

그가 마운드에 서면 리그를 대표하는 강타자들도 벌벌 떨었다. 그의 등장만으로 시합은 거기서 끝난 거나 마찬가지였다.

사실 대화에도 이야기를 끊는 불꽃의 스토퍼가 있다. 그들은 모두가 싫어하는 당황스러운 존재다.

'분석'해버리면 대화는 끝이 난다

내가 전철 안에서 들은 중년 회사원들의 이야기다.

"나 요즘에 매일 집에서 일찍 나오잖아. 운동 삼아 두 정거장 정도는 걸어보려고."

"그래서 몇 분 정도 걸어?"

"한 40분 정도."

"그러면 한 250칼로리 정도 되겠네. 밥 한 끼 먹으면 끝나겠다."

이런 식으로 계속 분석하는 대화가 이어졌다.

마치 TV 다큐멘터리 해설자 같아서, 옆에서 듣고 있자니 하품이 끊이질 않았다.

이것은 또 다른 커플의 대화다.

"나 회사 그만두고 싶어."

여자가 말했다.

"관두고 어떻게 하려고?" 남자가 묻자 "어떻게 하긴 뭘 어떻게 해! 정말 할 말이 없게 만든다."라고 발끈하며 여자는 그 자리에서 나가 버렸다.

남자는 왜 '분석'을 좋아하는 걸까. 일에서는 꼭 필요한 이 성질이 대화에서는 맥을 끊는 스토퍼가 된다.

많은 남성이 "이거 내 얘긴데!" 하고 놀랄지도 모른다.

감정에 집중하면 잡담이 조금 편해진다

잡담을 즐기고 싶다면 서로의 감정을 의식해야 한다.

즐거움을 말로 표현하면 기분은 더욱더 즐거워지고, 괴로움을 말로 털어놓으면 기분은 한결 편안해진다.

매일 아침 집에서 일찍 나와 두 정거장을 걷는 사람에게는 우선 "대단하다."고 말해주는 것만으로도 대화의 전개는 달라질 것이다. 또한 나라면 그 상황을 어떻게 받아들이고 행동했을지를 상상해보자.

매일 아침 집에서 일찍 나와 두 정거장을 걷는 것은 쉬운 일이 아니다. 매일 아침 그것을 해내는 사람은 칭찬받아 마땅하다.

회사를 그만두고 싶어 하는 여성에게 "많이 힘들지?"라고 말해주면 여성은 힘들었던 일을 툴툴 털어내고 다시 열심히 회사에 다닐지도 모른다. 또한 그에 대한 애정도 깊어질 것이다.

앞으로 누군가와 이야기할 때는 '내가 어떤 기분을 알아주길 바라는지' 생각하면서 대화를 진행해보자.

POINT

분석을 그만두고 질문을 하자

"왜?"라며 분석을 시작하고 "그래서 앞으로 어떻게 하려고?"라며 한발 나아가 결론에 도달하려는 대화를 그만두자. 중요한 것은 과정이다. "그때 당신의 기분은 어땠나요?" 하고 기분을 물어봐 주자.

대화 스토퍼란

상대방의 감정에 집중하면 잡담은 즐거워진다.

분위기를 띄우는
잡담 레퍼토리

자신의 약점을 보여줄지 말지로 그 사람의 그릇의 크기가 결정된다.

그러나 최근에는 자신의 약한 모습을 보여주면 바보 취급당하거나 무시당할까 봐 견제하는 사람이 늘어나고 있다.

이렇게 견제를 하다 보면 자신을 보여줄 부분이 줄어들고, 마침내는 자신의 매력이 줄어드는 결과에 이른다.

이를테면 "아내에게 혼난 적이 있습니까?"라는 질문에 곧장 "아니오."라고 대답하는 사람이 있다. 반면에 "있지요. 저녁 6시에 전화해서 오늘 저녁 먹고 들어간다고 말하면 아내는 벌써 만들어놨는데 왜 지금 얘기하냐고 화를 내고, 다음 날에 내일 저녁 먹고 들어갈 거라고 말하면 벌써 메뉴 다 정해놨다고 화를 내요. 어쨌든 내가 무슨 말만 하면 아내는 화를 내요."라고 말하는 사람이 있다.

이 두 사람 중에 누가 더 매력적일까.

자신의 약점을 말하는 사람은 그릇이 큰 사람이다

다른 사람이 나를 판단할 때는 말이 아니라 태도나 말투다.

내가 아무리 나의 약점을 말해도 말투가 재밌으면 내 인상은 그다지 나빠지지 않는다. 오히려 밝고 유쾌한 사람으로 보일 것이다.

반대로 "없습니다."라고 단호하게 말할 때는 나를 숨기려는 인상이 강해져서 '말 걸기 힘든 사람', '마음을 열지 않는 사람'으로 보이게 된다.

'아내가 무섭다', '돈이 없다', '체력이 좋지 않다'는 단골 레퍼토리다

기혼 남성에게 가장 좋은 대화 주제 3가지는 "아내가 무섭다.", "돈이 없다.", "체력이 예전 같지 않다."다. 이 3가지 주제를 가지고 이야기하면 분위기는 절대 가라앉지 않는다.

사람은 누구나 단점을 가지고 있다. 우리가 먼저 단점을 가볍게 말하면 상대방도 기분이 즐겁고 가벼워진다.

반대로 단점을 말하기 꺼리면 분위기는 무거워지고, 상대방도 자신을 숨기면서 무거운 마음으로 말을 할 것이다.

나의 실패담을 이야기하자

만약 자신에게 사춘기 자녀가 있다면 자신의 약점을 자녀에게 꼭 이야기하길 바란다. 그러면 부모의 권위가 떨어진다고 오해하는 사람도 있지만, 진실은 평소 우리의 말투와 행동을 통해서 이미 다 발각되었다.

"아빠는 어렸을 때 인기가 없었어. 운 좋게 엄마를 만나서 겨우 결혼할 수 있었지. 그러니까 엄마한테는 항상 고개를 숙여야 하는 거야."

이렇게 자신을 솔직하게 드러내는 부모가 있다면 자녀도 구김살 없이 무럭무럭 잘 자랄 것이다.

POINT

주변을 밝게 만드는 사람은 이런 사람이다

"돈이 없다.", "혈압이 높다.", "인기가 없다.", "아내가 무섭다.", "아이가 말을 듣지 않는다."

이런 부분을 편안하게 말하는 사람은 주변 사람의 기분도 편안하게 만들어준다. 그러면 모두의 기분이 한결 밝아져서 다양한 이야기를 편안하게 할 수 있게 된다.

자신의 약점을 보여주자

그릇이 작다는 것을 보여준다.

자신의 약점을 단골 레퍼토리로		
①	②	③
아내가 무섭다	돈이 없다	체력이 예전 같지 않다

말투가 즐거우면 인상은 나빠지지 않는다

자신의 부족한 면을 보여주는 사람은 주변을 밝게 만든다.

여자들은 충고를 싫어한다

어떤 여자가 이렇게 말했다.

"축구는 룰이 어려워서 잘 모르겠어. 골을 넣어도 심판이 무효라고 하면 노골이 되어버리잖아. 남자들은 어떻게 그렇게 축구를 좋아할까?"

축구 팬이라면 이 여자의 말에 전혀 공감하지 못할 것이다.

"그건 오프사이드라고 하는 거야. 상대 선수가 나보다 앞에……" 라며 가르쳐주는 사람도 있을 것이다.

특히 남자는 남에게 무언가를 가르치는 것을 좋아하는 동물로, 자신이 알고 있는 분야의 이야기가 나오면 가만히 있질 못한다.

대화할 때 섣부른 충고는 NO

그러나 이렇게 남자가 가르치려고 들면 여자는 "그렇구나."라고 대답한 후에 입을 열지 않을 가능성이 커진다. 그러면 대화는 거기서 끝이 난다.

남자는 호의로 가르쳐주려고 하는 것인데 무엇 때문에 기분이 나빠진 것인지 지금도 여자의 태도를 이해하지 못할 것이다.

원인은 충고에 있다. 대화할 때는 섣부른 충고를 하지 않는 것이 좋다.

사람에게는 자신의 이야기를 들어줬으면 하는 때가 있다

잡담할 때는 상대방의 기분에 집중해야 한다. 잡담 속에는 반드시 기분이 숨겨져 있다.

축구 이야기를 꺼낸 여성은 '나는 그렇게 축구를 좋아하지 않는다. 재미없다.'라는 마음이 숨겨져 있을 것이다.

"○○ 씨, 축구 별로 안 좋아해?"라고 물어보면 여자는 자신의 속마음을 이야기할 것이다.

어쩌면 이 여자는 그렇게 싫어하는 축구를 그 남자와 함께 보고 있는 것일지도 모른다.

"축구 별로 좋아하지도 않는데 나와 함께 봐줘서 고마워."

남자가 이렇게 말하면 여자는 감동해서 이런저런 이야기를 이어갈 것이다.

사람에게는 자신의 이야기를 그저 들어줬으면 하는 때가 있다. 그럴 때 쓸데없는 충고를 들으면 감사는커녕 오히려 화만 날 것이다.

트러블을 피하려면 조용히 기다리는 습관을

이 트러블을 피하는 방법은 상대방의 이야기가 다 끝날 때까지 입을 열지 않는 것이다.

이를테면 이야기가 다 끝난 것 같아도 몇 초 동안은 입을 다물고 진짜로 이야기가 끝났는지 지켜보는 거다.

그것만으로도 이야기는 잘 진행되고, 상대방의 정확한 마음도 확인할 수 있다.

충고를 좋아하는 사람에게는 '기다림'이 필요하다.

───── **POINT** ─────
맞장구를 잘 활용하자

충고는 상대방보다 위에 선 행동이다. 따라서 부주의하게 사용하면 인간관계를 되려 망칠 수도 있다. 사람에게는 자신의 이야기를 들어줬으면 하는 때가 있다. 그럴 때는 맞장구를 치며 듣는 여유를 가지자.

상대방이 원하는 대답을 알자

충고 부주의 | 상대방보다 위에 서서 이야기하는 사람은 인간관계가 깨져버린다.

들을 준비

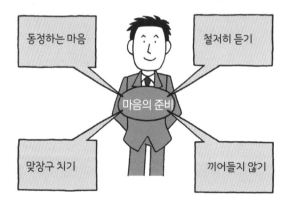

상대방의 말이 다 끝난 것 같아도 몇 초간 기다리기.

거절은 부드럽게

개인정보 보호법이라는 것이 생기고 난 후 대화에도 트러블이 늘어났다. 아주 약간만이라도 개인적인 것을 물으면 "그건 개인정보 잖아요."라며 짜증스러운 말투로 대화를 끝내버리는 사람이 늘어나고 있다.

내 강의실에도 이런 일이 있었다.

강의 중에 어느 독신 남성이 "결혼하면 아내에게 생활비를 얼마 정도 줘야 하나요?"라고 질문했다. 나는 같은 반 기혼여성에게 당신의 가정이 아니라 일반적으로 신혼부부는 생활비를 얼마 정도 쓰냐고 물었다. 그러자 그 여성은 "그런 사적인 이야기는 할 수 없습니다."라며 냉정하게 대답했다.

강의실이 차갑게 얼어붙은 기억이 있다. 물론 내 행동에도 찬반 의견이 있을 것이다. 이제는 그런 개인적인 질문은 하면 안 되는 시대라고 화내는 사람도 있을 것이다.

다른 사람과 순식간에 친해지는 대화법

생각해보면 아직 마음이 열려있는 사람도 많이 있다.

강의실에서 보너스 이야기가 나왔을 때 기혼 남성에게 "보너스를 받으면 비상금으로 몇 퍼센트를 남겨둡니까?"라고 물었더니 "저는 100만 원 정도 숨겨둡니다."라는 대답이 바로 돌아왔다. 나는 구체적인 숫자는 기대하지도 않아서 솔직하게 말해줘서 고맙다고 고개 숙여 인사했다.

그의 말 한마디로 다른 사람도 "나는 보너스를 10원도 받은 적이 없어요.", "저는 외도하다 걸린 적이 있어서 비상금이 전혀 없어요.", "우리 남편은 용돈을 주면 1주일도 안 돼서 다 써서 주지 않아요." 하고 분위기가 들떠서 강의 시간이 한참 지난 후에야 강의를 마칠 수 있었다. 그 후 수강생들의 사이가 좋아졌고, 졸업한 지금도 가끔 만나 술을 마신다고 한다.

말할 수 없을 때는 "그건 좀 곤란한데요."라며 부드럽게 거절하자

자신을 숨기면 인간관계는 좁아지고, 자신을 드러내면 인간관계는 넓어진다.

물론 말할 수 없는 부분도 많겠지만, 요즘은 말해도 되는 별것 아닌 것까지 숨기려는 사람이 늘어나고 있다.

굳이 대답하고 싶지 않은 부분이라면 '개인정보'라는 과장된 말 대신 "그건 좀 말하기 곤란한데요."라고 부드럽게 말하고 넘어가도 된다.

그리고 나중에 대답을 피한 부분을 한번 되짚어보고 '말해도 됐었는데, 내가 왜 그렇게 예민하게 굴었지?'라는 생각이 들었다면, 용기를 내서 마음을 열어보려고 노력하면 된다.

POINT
남에게 이야기하고 싶은 부분을 늘려보자

대화거리가 부족한 사람은 비밀이 많은 사람이라고도 말할 수 있다. 이야기를 터놓을 수 있는 부분이 늘어나면 자연히 대화거리도 늘어난다. 그러면 인간관계도 넓어진다. 다른 사람에게 이야기해도 되는 부분이 있으면 망설임 없이 화제로 올려보자.

열린 마음으로 대화 분위기를 띄우자

말하기 힘들 때는

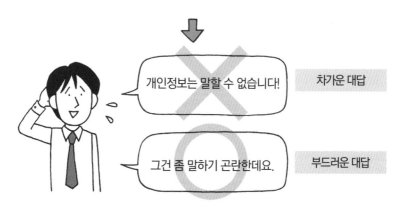

대답하기 어려운 질문은 부드럽게 거절하자.

부정적인 발언도 받아주자

어느 모임에서 나이가 지긋하신 분이 이렇게 말했다.

"나도 이제 나이가 들어서 예전 같지가 않아."

그러자 그보다 연배가 낮은 사람이 따지듯이 말했다.

"더 나이 든 사람들도 많아요. 왜 그렇게 부정적으로 생각하세요."

그러자 나이가 많은 그 사람의 표정이 일그러졌고, 한순간 분위기가 어두워졌다.

또한 최근 젊은 사람 중에는 "자신이 없습니다.", "무리입니다.", "나 따위가 무슨……"이라며 부정적인 말을 곧잘 내뱉는 사람이 있다.

그런 사람에게 결국 이렇게 막말을 하는 사람도 있다.

"왜 이렇게 부정적이야. 그렇게 부정적이니까 일이 잘 안 풀리는 거야."

"조금 긍정적으로 생각할 순 없어?"

"넌 그래서 안 되는 거야."

그러면 그 젊은이는 더욱더 의기소침해지고, 결국은 대화가 끊겨버린다.

부정적인 기분을 억누르면 결국 폭발해버린다

요즘 '긍정'이 유행하면서 부정적인 발언을 하는 사람을 공격하는 경향이 늘어나고 있다.

그러나 사람은 살다 보면 누구나 부정적인 기분에 빠질 때가 있다. 그것은 모든 사람이 그렇다.

부정적인 기분을 나쁜 것으로 취급해서 억누르기만 하면 마음속에 쌓여서 언젠가 폭발하게 되고, 결국은 본인의 몸과 마음을 파괴하게 된다.

부정적인 발언도 받아주자

사람의 마음에는 긍정적인 부분도 있지만, 부정적인 부부도 있다.

그것은 사람이 웃을 때나 울 때도 마찬가지다. 눈물이 나는데 억지로 못 울게 하면 누구나 괴로울 것이다. 슬픈 감정은 눈물을 쏟아내야 비로소 편안해진다.

부정적인 감정은 거부하는 것이 아니라 받아들여야 치유된다.

부정적인 말을 들었다면, 상대방의 말을 그대로 되돌려주면 좋을 것이다.

"나도 이제 나이가 들어서 예전 같지가 않아."라는 말을 들었다면 "예전 같지 않다니요. 아직 건강하세요."라고 하고, "나 따위가 무슨……"이라는 말을 들었다면 "네가 왜? 충분히 할 수 있어." 하고 말해보자.

그러면 말을 꺼낸 당사자는 자신의 기분을 깨닫고 편안해질 것이다. 당연히 입도 가벼워지고 분위기도 부드러워져서 이야기가 활기가 띨 것이다.

부정적인 기분을 마음껏 털어놓을 곳이 있는 사람은 행복한 사람이다. 괴로운 기간이 그만큼 줄어들기 때문이다.

부정적인 기분을 받아준다는 것은 그만큼 무한한 애정이 있다는 뜻이다. 긍정적인 기분에 집착하는 사람은 도저히 이해하지 못할 깊은 애정이다.

부정적인 말을 하는 사람을 만났다면 나무라지 말고, 받아들이는 자세를 취해보자.

POINT

기분을 받아주는 것만으로 상대방은 편안해진다

부정적인 기분에 빠진 사람을 나무라면 안 된다.
의기소침, 불안, 패배감은 누군가가 받아줘야 비로소 사라진다.
"당신은 지금 기분이 안 좋군요."라는 말투를 기억해두자.

부정적인 감정을 받아들이는 방법

부정적인 사람에게 긍정을 강요한다

↓

오히려 더 침울해질 뿐이다.

기분이 나빠진 것을 이해해주자

↓

부정적인 감정을 받아주면 마음이 편안해진다.

"안 돼!"보다
"그렇게 되면 어떻게 할 거야?"

어느 부동산 회사에서 일하는 젊은 직원이 이렇게 말했다.

"지금은 부동산에서 영업일을 하고 있지만, 언젠가는 기획 개발팀으로 가서 고객이 좋아하는 집을 짓고 싶어요."

그러자 그의 상사가 이렇게 말했다.

"안 돼! 기획 개발팀으로 가봐야 좋을 거 하나 없어. 우리 회사는 영업팀이 최고인 거 몰라!"

젊은 직원은 "그건 알지만."이라고 말하면서 시선을 내리깔았다.

며칠 후 그는 부동산 회사에 사표를 내고, 기획 개발할 수 있는 다른 회사로 이직했다고 한다. 훌륭한 인재였는데, 숨은 원석을 다른 회사에 넘겨준 꼴이 되었다.

무의식에 잘라내는 아이의 가능성

부모는 자녀를 사랑하는 것 같지만, 사실은 자녀의 가능성을 잘라 버리는 행동을 무의식중에 한다.

"나는 나중에 커서 축구 선수가 될 거야." 아이가 이렇게 말했을 때 "너는 달리기가 느려서 축구 선수 못 해."라고 말하는 부모가 꽤 많이 있다.

어렸을 때 부모의 발언은 자녀의 미래를 결정하는 중요한 열쇠다. 따라서 아이의 단점을 아무렇지 않게 말하면 안 된다.

꿈을 가진 사람을 질투하지 않는다

"그건 무리야. 빨리 포기하는 게 좋을 거야."

누구나 다른 사람에게 이렇게 말한 적이 있을 것이다.

이것은 꿈을 가진 사람에 대한 질투다.

내가 이루지 못한 꿈, 잃어버린 열정에 대한 후회가 이 말을 만들어낸다.

그러나 이 말은 상대방의 마음을 짓밟는 것이고, 대화도 거기서 단절된다.

"그렇게 된다면 무엇을 하고 싶어?"

우리는 꿈에 대해 이야기할 때 '어떻게 하면 그 꿈을 이룰 수 있을

지' 그 방법만 놓고 이야기한다. 그리고 결국엔 그 꿈은 이루기 힘들 거라고 말한다.

그러나 이럴 때는 '그렇게 된다면 무엇을 할지' 상대방이 꿈을 이뤘다는 전세로 이야기를 진행해보자.

"기획 개발부에 들어간다면 어떤 집을 만들고 싶어?"

"축구 선수가 된다면 어느 나라에서 뛰고 싶어?"

이런 전개라면 상대방은 즐겁게 대화에 참여할 것이다. 그리고 대화하는 동안에 자신의 꿈을 더욱더 구체적으로 그려내서 마침내 꿈을 실현할 수도 있다.

상대방의 꿈을 응원해주는 사람이 존경받는다.

POINT

상대방의 꿈을 응원해주는 대화법

자신의 꿈에 대해 이야기하는 사람이 있다면 '그렇게 된다면 무엇을 할지' 이미지를 구체적으로 그려가면서 이야기를 진행해보자.

"회사를 그만두고 ○○○에서 펜션을 차리고 싶다."는 꿈을 말하는 사람에게는 그 펜션 조식은 무엇일지 꿈이 더욱더 구체화하도록 이야기를 전개시키는 것이다.

숨은 원석을 몰라보는 상사의 입버릇

상대방의 꿈을 응원해주자.

여성과 대화하기 어려운 이유

지금까지 이야기한 대로 남자는 지식을 자랑하는 특징이 있다.

이를테면 여자가 "어제 비는 정말 대단했어. 나 우산을 안 가지고 나가서 홀딱 젖었잖아. 새 옷이었는데, 조금 짜증 나더라." 이렇게 말했다고 해보자.

그럴 때 남자가 "어제는 동아시아해역에서 습설이라는 습한 공기 가 들어와서 비가 많이 내렸던 거야. 태풍 같은 녀석이라고 말할 수 있지."라며 상대방의 이야기를 자신의 지식 자랑으로 전환하면, 대화는 거기서 끝이 난다. 그런 전문용어를 알고 있는 사람은 많지 않기 때문이다.

그러면 대화는 지식을 가진 사람의 독단의 장이 되고, 다른 사람은 그저 이야기가 빨리 끝나길 기다리게 된다.

'지식이 풍부하면 존경받는다'는 착각

이러한 사람들에게는 '지식이 풍부하면 존경받는다.'는 착각이 있다.

물론 일적으로는 존경을 받을 수 있다. 그러나 한발 나아가 잡담의 세계에 들어가면, 지식은 대화를 이끌어내는 좋은 재료가 되지 못한다.

이렇게 계속 지식 자랑을 하다 보면 존경은커녕 주변을 전혀 배려하지 않는 이기적인 사람으로 오해받는다.

여성에게 인기 없는 사람은 이것을 체크해야 한다

요즘은 결혼하기 힘든 세상이라고 하지만, 특히 여성과 대화가 잘 안 되는 사람은 자신의 대화가 지식편중이 되고 있지는 않은지 확인할 필요가 있다.

남: "고향이 어디세요?"

여: "○○요."

남: "○○는 꽃게 생산지잖아요."

이런 식으로 지식을 드러내면 대화는 재미없게 흘러간다.

지식보다 에피소드를 이야기해라

대화는 서로의 감정을 표현하고 받아줄 때 재밌어진다. 잡담할 때는 지식보다 에피소드를 말해야 대화에 활기가 생기고, 서로의 거리도 줄어든다.

어제는 비가 많이 와서 옷이 다 젖었다는 말을 들었을 때 "나는 베란다에 이불을 그대로 널고 나와서 이불이 다 젖었잖아. 덕분에 어제는 담요를 덮고 잤어."라며 자신의 에피소드를 말하면 누구나 쉽게 대화에 빠져든다.

여성이 ○○○ 출신이라고 말했을 때 "제가 아는 ○○○ 사람은 전부 다 성격이 밝아요. 술도 좋아하고요."라며 자신의 경험을 대화에 넣어서 말하면 여성도 즐겁게 다음 이야기를 이어갈 수 있다.

에피소드에는 감정이 흘러넘친다. 지식이 아니라 자신의 이야기를 해보자. 그러면 감정이 완전히 공유될 것이다.

──── POINT ────
거리감이 줄어드는 대화법

상대방이 한 말에 지식으로 다가가면 대화는 거기서 끝나버린다. 그리고 거리감도 줄어들지 않는다.
지식보다는 자신의 경험을 에피소드처럼 말하는 게 좋다. 그러면 마음이 가까워져서 대화의 폭이 넓어질 것이다.

잡담할 때 지식을 자랑하면 매력이 떨어진다

상대방이 젊은 여성이라면 특히나 더 주의할 필요가 있다!

불만이나 불평은
마음껏 토해내자

A: "나도 벌써 25살인데 통금시간이 밤 10시라니. 믿어지지가 않아."

B: "그만큼 딸을 아끼시는 거 아닐까?"

B처럼 아무 공감도 되지 않는 말을 하는 사람이 상당히 많다.

악역을 만들지 않고, 해피엔딩으로 끝내려는 의식에서 이런 말을 하는 걸까?

그러나 이 말을 들은 A는 점점 표정이 어두워지고 말도 없어질 것이다. 자신의 기분을 무시하는 말에는 마음의 문을 닫기 마련이다.

불만이나 불평을 막아서는 안 된다

B의 말은 그저 불만이나 불평을 막는 억압적인 행동이다.

이렇게 억압적인 행동을 하면 본인 안에 있는 울분은 마음속에서 갈 길을 잃어버리고, 나아가 패배감만 충만해진다.

따라서 친구가 "회사 선배가 내가 하는 일에 일일이 꼬투리 잡아서 일하기 싫어."라고 말했을 때 "네가 빨리 회사 일을 익히는 수밖에 없네."라는 무의미한 동조는 절대 하면 안 된다.

'난처함', '불만', '당혹감'을 토해낼 수 있도록 도와주자

"나는 벌써 25살인데 통금시간이 아직 밤 10시에요. 믿어지세요?"

이렇게 말하는 사람의 기분을 느껴보려고 노력해보자.

"참 힘들겠네. 어른이라면 밤늦게 약속이 생길 수도 있는 건데."

이렇게 자신의 감정에 공감해주면 마음에 쌓였던 상처만큼이나 기분은 풀릴 것이다.

회사 선배가 일일이 꼬투리를 잡아서 일하기 싫다는 친구의 말을 들었다면 "진짜 일하기 싫겠다. 어떻게 그런 선배가 있지." 하고 상대방의 마음을 잘 대변해주자.

무의미한 동조는 당장 그만두자

불평불만을 말하는 사람에게는 우선 그 기분을 토해낼 수 있도록 도와주는 것이 중요하다. "다 너를 위해 하는 말이잖아."라는 무의미한 동조는 절대 하지 않는 것이 좋다. 인간은 불평불만을 말로 꺼내야 비로소 그 기분이 풀린다.

불평불만을 잘 받아들이는 방법

어쨌든 불만을 토해내는 것에 의식을 집중하자.

사람은 성공 사례보다
실패 경험을 더 듣고 싶어 한다

내가 20대 중반에 만났던 상사 한 명이 있다. 그는 "내가 자네처럼 젊었을 때는 말이야."가 입버릇이었다.

나는 결국 치밀어오르는 화를 이기지 못하고 "그래서 어쩌라고요!"라고 말한 뒤 그대로 회사를 그만두었다.

젊은 객기도 조금은 있었지만, 회사를 그만둘 정도로 화가 많이 났던 것은 사실이다.

물론 적당한 성공 사례는 필요하다. 그러나 그것도 도가 지나치면 대화를 차단하는 스토퍼가 된다.

다른 사람이 듣고 싶은 것은 나의 실패담이다

사람들은 특히나 우리의 실패담을 듣고 싶어 한다. 실패하기는 했으나 그것을 극복했으니까 지금의 내가 있는 것이다. 살면서 단 한 번도 실패한 적이 없는 사람은 전혀 매력이 없다.

우리가 겪은 위기와 그것을 극복한 스토리에 사람들은 매료된다.

"당신은 무엇 때문에 좌절했습니까?"

"자회사로 좌천돼서 본사 발령을 포기했었습니다."

"출세와 거리가 먼 부서에서 정년까지 있어야 했습니다."

"좋아하는 사람이 같이 시골에 가서 살자고 해서 회사를 그만두었습니다."

"대학 졸업 후 겨우 취직한 회사가 1년 만에 문을 닫았습니다, 그 후 몇 년 동안 백수로 지냈습니다."

그래서 그 후 무엇을 어떻게 해서 지금의 자리에 오르게 됐는지, 누구나 그 스토리를 궁금해한다. 어떤 위기가 닥쳐도 노력하면 반드시 극복할 수 있다는 것을 누구나 다 알고 싶어 한다.

수강생들이 가장 좋아하는 나의 이야기는

2009년에 출간된 나의 저서 『66가지 Point』가 베스트셀러가 되면서 나는 세상 사람들에게 조금씩 내 이름을 알릴 수 있게 되었다.

그리고 내 강의를 들으러 오는 요즘 수강생들은 내가 2009년 훨씬 이전부터 유명했다고 착각을 한다.

그러나 내 삶은 2009년 이후부터 좋아지기 시작했다. 그전까지는 연봉이 3천만 원도 되지 않았다.

이런 이야기를 하면 수강생들은 귀가 솔깃해서 내 이야기에 집중한다.

"어떻게 해서 책을 내게 됐어요?"

"사모님이 선생님을 어디까지 믿어줬어요?"

"선생님은 자신이 성공할 줄 알았어요?"

이런 질문이 쏟아진다.

누구나 인생을 힘들어하고, 그 힘든 인생에 언제 꽃이 필지 알고 싶어 한다.

마지막에 내가 "그렇게 해서 연봉 10억 원을 달성했습니다."라고 말하면 사람들은 자신도 그렇게 될 수 있다는 희망을 안고 집으로 돌아간다.

내 실패담이 다른 사람에게는 희망이 될 수도 있다. 나의 실패담을 꼭 이야기하자.

POINT

실패를 부끄러워하지 말자

사람들은 내가 좌절한 이유와 그것을 극복한 스토리를 알고 싶어 한다. 실패를 부끄러워하지 말고, 적극적으로 자신을 드러내자. 그것이 사람들의 빛이 되고, 힘든 시기를 극복하는 힘이 된다.

실패담을 적극적으로 말하자

우리의 실패담은 직원에게 자극제가 된다.

나도 이것 때문에 혼났다.
프로도 빠지는 충고의 유혹

남자는 항상 충고 유혹에 넘어가 여자에게 혼난다

나는 앞에서 충고할 때는 어느 정도 주의가 필요하다고 말했다.

나는 '코칭'이라는 일을 하고 있다. 이것은 질문에 대해 직접 답을 찾고, 스스로 문제를 해결할 수 있게 도와주는 커뮤니케이션 기술이다. 따라서 코칭할 때는 절대 충고를 하면 안 된다. 본인이 직접 답을 찾을 때까지 기다려야 한다. 남자에게 있어서 이것은 엄청난 인내심이다.

그러나 나도 남자다. 마음속으로는 남에게 충고하고 싶을 때가 한두 번이 아니다. 그리고 앞에서 전한대로 반격을 제대로 당한 적도 있다.

나에게는 골프 친구가 몇몇 있다. 그중에 내 권유로 골프를 시작한 여성이 있다. 그녀는 순식간에 골프의 매력에 빠져서 열심히 골

프를 치러 다녔다. 센스도 좋고, 인스타그램에서 자주 칭찬받을 정
도로 골프에 소질도 있었다.

그런 그녀도 처음에는 내 말을 잘 따랐었다. 어느 때까지는…….

그러나 점점 스코어가 늘어나고, 내 스코어와 거의 비슷해지자 그
녀는 점차 모습을 바꾸었다. 내가 하는 조언은 거의 듣지를 않았다.

나도 그 여성이 충고를 싫어한다는 것을 알고는 더는 말하지 않았다.

그러나 그녀와 라운딩을 할 때마다 이렇게 생각했다.

'어프로치를 잘하면 조금 더 좋은 점수가 나올 텐데…….'

마음은 근질근질했지만, 잠자코 있었다.

이 상황에서 충고하지 않을 남자가 있을까

그러던 어느 날 그녀의 입에서 기대 이상의 말이 터져 나왔다.

"저, 어프로치가 잘 안 돼요. 어프로치가 잘되면 점수가 조금 더 잘

나올 텐데."

평소 그녀의 어프로치샷을 볼 때마다 한 수 가르쳐주고 싶어서 몸
이 근질근질했던 나는 올 것이 왔다는 생각으로 말을 토해내기 시작
했다.

"어프로치는 말이야……."

충고의 쾌감에 빠진 남자에게 여성의 당황스러운 표정은 전혀 눈
에 들어오지 않았다.

유창한 언변으로 한참을 떠든 후에야 겨우 여자의 차가운 시선을
느낄 수 있었다.

"내가 너무 앞서나갔나……"

그러자 그녀는 "나는 그냥 어프로치샷에 대해 이야기를 조금 나누
고 싶었을 뿐인데……."라고 말했다.

그렇다, 결국 저지르고 만 것이다. 이런 속임수에 감쪽같이 걸려버
리다니, 전국 80만 명 독자에게 고개를 들 수 없는 일이었다. 부끄러
웠다.

"남자들이여, 충고를 하지 맙시다!"

독자들에게 더는 이렇게 말할 수 없었다.

아니, 나도 똑같은 잘못을 저지르는 남자니까 오히려 이런 말을 쓸 자격이 있는 것은 아닐까. 이런 갈등과 변명으로 며칠을 보냈다.

사실 그녀는 최근 내 스윙을 보고 이렇게 말했었다.

"야마구치 씨, 샷 칠 때 머리가 움직여요. 이렇게요."

3장
누구와도 끊기지 않는
대화법

이것만 알면 상대방이 알아서 말한다

듣기에 자신 있다고 말하는 사람은
100% 듣기에 서툴다

"나는 듣는 것에는 자신이 있지만, 말하는 것에는 자신이 없어요."

내 강의를 들으려고 찾아오는 많은 사람은 처음에 대부분 이렇게 말한다. 그런데 막상 강의실에 들어오면 거의 100%의 확률로 말하기보다 듣기를 훨씬 더 못 한다.

지금 이 책을 읽고 있는 독자들도 '나는 듣기는 잘해!'라고 생각할지도 모른다.

전형적인 남성 대화

대화란 '서로 나눈 내용에 대해서 자신의 생각과 경험을 말로 표현하는 것'이라고 많은 사람이 생각한다.

A: "나는 꽁치를 좋아해."

B: "나는 감이 빨리 열리길 기다리고 있어."

A: "그래? 나는 꽁치에 무즙을 올려서 술 한잔하는 걸 좋아해."

B: "나는 술은 먹지 않아서, 저녁밥 먹고 난 후에 후식으로 감 먹는 걸 제일 좋아해."

이것이 바로 남자들의 대화다. 일방적으로 자신의 할 말만 한다. 이런 대화로는 서로를 진심으로 이해해줄 수 없다. 영원히.

'듣는 힘'의 오해

많은 사람이 상대방의 이야기를 듣는 것을 '상대방의 말을 이해하는 것'이라고 착각한다.

앞의 대화를 다시 봐보자. B는 분명히 'A는 꽁치를 좋아한다. 그리고 술도 좋아한다. 이 정도면 잘 들은 거 아니야?'라고 생각할 것이다. 그리고 A는 'B는 감을 매우 좋아한다. 술은 먹지 않는다고 했으니까 좋아하지 않을 것이다. 잘 기억하고 있지?'라고 생각할 것이다.

이렇게 서로가 상대방의 이야기를 잘 들었다고 생각한다.

그리고 속으로는 서로 '저 녀석, 사람 말을 제대로 듣지도 않네!'라며 비난할 것이다.

듣기는 상대방에 대한 깊은 관심이다

대화를 통해 상대방을 깊이 이해하려고 생각하는 사람은 거의 없다.

처음에는 상대방의 말을 이해하며 들으려고 해도 자신의 생각이 떠오르면 상대방의 말을 끊기 일쑤다.

그러나 사람은 누구나 자신의 이야기를 들어주었으면 한다. 그리고 자신의 마음을 이해해줬으면 한다.

만약 우리가 듣는 힘을 키워서 그것을 제대로 사용한다면, 사람들은 우리에게 호감을 갖고 우리를 위해 헌신할 것이다.

그리고 인간관계는 생각보다 훨씬 더 원만해지고, 좋은 일도 많이 생길 것이다.

'듣는 힘'은 인간관계가 넓어지는 힘이다. 지금부터 그 기술을 함께 배워보자.

POINT

상대방의 말을 그저 이해하는 것은 '듣기'가 아니다

많은 사람은 상대방의 말을 이해하는 것이 '듣기'라고 생각한다.

그러나 그것만으로는 상대방은 만족하지 못한다. 상대방은 자신에게 조금 더 관심을 가지길 바라고, 마음을 공유하길 바란다. 사람에게는 이러한 욕구가 있는 것이다.

이 욕구를 알면 '듣기'의 진정한 의미를 깨달을 수 있을 것이다.

자칭 '듣기 왕'의 함정

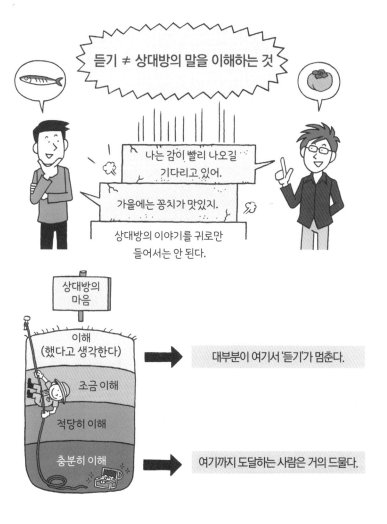

듣기 ≠ 상대방의 말을 이해하는 것

나는 감이 빨리 나오길
기다리고 있어.

가을에는 꽁치가 맛있지.

상대방의 이야기를 귀로만
들어서는 안 된다.

상대방의
마음

이해
(했다고 생각한다)

조금 이해

적당히 이해

충분히 이해

대부분이 여기서 '듣기'가 멈춘다.

여기까지 도달하는 사람은 거의 드물다.

상대방을 '깊이 이해하는 사람'이 진짜 '듣기 왕'이다.

저절로 말하게 만드는
'듣기 방법', '말하기 방법'

상대방을 깊이 이해하는 데에 꼭 필요한 것, 그것은 자유롭게 말할 기회를 만들어주는 것이다.

이 기회를 만들어주기 위해 듣는 사람에게 꼭 필요한 것이 있다. 그것은 바로 '반응'이다.

사람은 이야기를 할 때 상대방의 반응을 매우 신경 쓴다.

내가 상대방이 한 말을 전부 이해했어도, 그것을 어떻게 느꼈는지 반응하지 않으면 그것은 이야기를 하나도 안 들은 것과 같아진다.

누구나 반응이 좋은 사람에게 말을 건다

우리도 당연히 반응이 좋은 사람을 좋아한다.

"나 좀 전에 엄청 유명한 사람 봤어."

"진짜? 누군데?"

이렇게 깜짝 놀라면서 호응해주는 사람이 반응을 잘하는 사람이다.

우리는 내 말에 반응하는 사람을 기다린다. 반응을 잘하는 사람이 옆에 있으면 무의식중에 그 사람 옆에 서서 시시한 것이라도 계속 이야기하게 된다.

반응이 부족한 사람은 분위기를 망친다

만약 당신이 반응이 부족한 사람이라면, 의식의 방향이 어디에 있는지 확인해봐야 한다.

이를테면 여성이라면 "오늘 드라마 예약하는 걸 깜박했어. 어떻게 하지?"라고 친구가 말했을 때, '아, 인기 탤런트 ○○○이 주연인 그 드라마! 난 그거 안 봐.'라는 의식이 스쳐 지나가 "나는 그 시간에 뉴스를 보는데."라고 대답해버린다.

또한 '나는 오늘 모든 방송을 다 녹화했는데.'라고 생각할 수도 있다.

그리고 대화가 통하지 않는다고 생각되면 대충 "아, 그래."라고 대답해버린다. 이러면 상대방은 의기소침해지고, 대화도 거기서 끝나버리게 된다.

상대방의 기분을 알아주는 한마디

앞으로 누군가와 대화할 때는 정보보다 상대방의 감정에 집중해보자.

앞의 예로 다시 올라가, 드라마를 예약하지 못한 여자의 마음을 느껴보자.

예약하지 못한 것을 알았을 때는 '충격'과 '실망감'이 느껴질 것이다.

"어떻게 해? 너무 충격이었겠다."

마음을 공감해주는 말을 하면 상대방의 표정은 훨씬 밝아지고, 기분도 좋아져서 이야기가 무르익을 것이다.

무엇보다 공감해준 우리에게 커다란 친밀감과 신뢰감을 느낄 것이다.

"이것이 성인의 듣기다!"고 말해도 좋은 순간이다.

POINT

말하고 싶은 욕구를 참자

누군가와 대화를 하다 보면 아무래도 내가 말하고 싶어질 때가 있을 것이다. 그 욕구를 참지 못하면 좋은 반응을 할 수 없게 된다.

이야기하고 싶은 욕구를 참고, 상대방의 마음에 공감해주는 좋은 한마디를 건네보자.

반응을 '잘 하는 사람', '못 하는 사람'

진심으로 반응하는 사고법

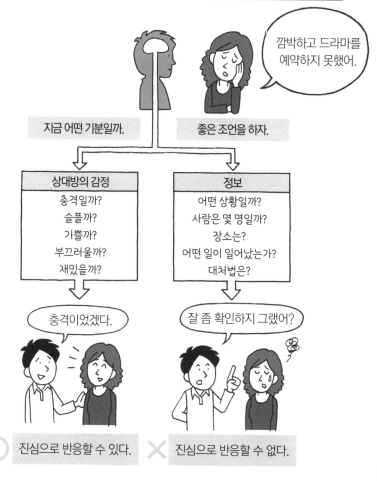

깜박하고 드라마를 예약하지 못했어.

지금 어떤 기분일까.

좋은 조언을 하자.

상대방의 감정	정보
충격일까?	어떤 상황일까?
슬플까?	사람은 몇 명일까?
기쁠까?	장소는?
부끄러울까?	어떤 일이 일어났는가?
재밌을까?	대처법은?

충격이었겠다.

잘 좀 확인하지 그랬어?

○ 진심으로 반응할 수 있다.　✕ 진심으로 반응할 수 없다.

자신의 감정보다 상대방의 감정에 주목하는 것이 중요하다.

상대방을 향해 몸을 기울이면
신뢰감이 올라간다

이야기를 잘 들어주면 상대방은 친밀감과 애정을 느낀다.

집중해서 내 이야기를 들어준다는 것은 나를 중요한 존재로 생각하고 있다는 증거기 때문이다. 반대로 내 이야기를 건성으로 듣는다는 것은 나를 하찮게 생각한다는 증거다. 듣기가 서툰 사람이 인간관계가 좋지 않은 이유는 이런 원인에서다.

누군가가 말을 걸어오면 고개를 들고 상대방의 얼굴을 쳐다보자

"지금 당장 상대방의 마음을 느껴보세요."

듣기가 서툰 사람에게 이렇게 말하면 매우 힘들고 당황스러울 것이다.

이럴 때는 우선은 몸으로 듣는 자세를 취해보자.

누군가가 말을 걸어올 때, 또는 그룹 안에서 누군가에게 말을 걸어야 할 때. 대화에 자신이 없는 사람은 시선이 불안정하고, 고개를 약간 숙이고 있어서 목소리가 잘 안 들릴 것이다.

이 태도는 상당히 위험하다. 상대방에게 '당신의 이야기를 듣고 싶지 않습니다.'로 비치기 때문이다.

상대방의 시선을 똑바로 바라보는 것이 듣기의 첫걸음이다. 넋 놓고 멍하니 바라보는 것이 아니라 상대방의 눈동자를 응시하는 것이다.

그러면 말하는 사람에게 '당신의 이야기를 집중해서 듣고 있습니다.'는 우리의 마음이 전해진다.

팔짱은 NG

시선을 마주했다면, 이제는 몸 차례다.

이야기를 들을 때는 몸을 정면으로 향할 것. 그러면 진지하게 이야기를 듣고 있다는 마음이 전해진다.

이때 절대 팔짱은 끼면 안 된다. 앉아서 이야기를 듣는 경우라면 손은 무릎에, 서서 이야기를 듣는 경우라면 손은 몸 옆에 두자.

고위직은 의자를 돌려 상대방을 바라보자

직책이 높은 사람은 아랫사람이 말을 걸어올 때 특히나 더 태도에 주의해야 한다.

"과장님, 지금 시간 되세요?" 하고 부하직원이 말을 걸어올 때 컴퓨터 화면에서 눈을 떼지 않고 "무슨 일인데?" 하고 대답하는 사람이 있다. 이러면 더는 말 걸기 어려운 분위기가 생겨서 중요한 정보를 전달받지 못하게 된다.

앞으로 승진할 때는 상부 평가뿐만 아니라 하부 평가도 들어간다. 부하직원의 마음을 사로잡지 못하면 그만큼 출세는 어려워진다.

그럼 부하직원이 말을 걸어올 때는 어떻게 해야 할까?

컴퓨터에서 직원에게로 시선을 옮기고, 의자 방향을 직원 쪽으로 돌린 다음 "무슨 일이야?" 하고 말해야 한다.

만약에 컴퓨터에서 손을 뗄 수 없는 상황이라면 "미안하지만, 지금은 좀 바빠서 그러는데 나중에 얘기할 순 없나?" 하고 부드러운 말투로 말하면 상대방은 존중받고 있다는 느낌을 받을 것이다.

그러면 부하직원과도 좋은 관계를 쌓을 수 있다.

POINT

'상대방에게 몸을 돌린다' = '듣는 자세'

상대방을 향해 몸을 돌리고 시선을 마주하는 것은 '이야기를 들을 준비가 됐습니다.'는 메시지다. 상사는 부하직원이 말을 걸어오면 가능한 일을 멈추고 몸을 돌려 직원을 바라보아야 한다. 이것이 직원을 성장시키는 첫걸음이다.

'듣는 자세'는 상대방에게 몸을 돌리는 것부터가 시작이다

듣기의 2가지 대원칙

첫 번째, 상대방의 눈을 쳐다본다

두 번째, 몸은 정면으로

멍하니 보는 것이 아니라
똑바로 바라본다.

서 있을 때는 몸을
상대방 정면으로.

앉아 있을 때는 몸을
앞으로 조금 기울여서.

부하직원이 말을 걸어온다면

무슨 일인가?

바빠서 대답할 수 없을 때

지금은 좀 바빠서
말이야.

바쁜 게
끝났다면

아까는
무슨 일이었나

고위직일수록 부하직원을 대하는 태도에 주의가 필요하다.

상대방이 저절로 말하게 되는 3가지 키워드

듣기를 잘하려면 말하고 싶은 욕구를 누르고, 상대방의 기분에 집중해야 한다.

상대방의 말에 어떻게 반응해야 할지 알지 못하는 사람은 다음 3가지 방법을 몸에 익혀보자.

먼저 관심부터 보이자

"나 요즘에 매일 도시락 싸가지고 다니잖아."

어느 여성이 즐거운 듯이 이렇게 말했다. 이럴 때 "다이어트 시작했어?", "반찬은 뭐야?", "도시락 싸는 데 시간은 얼마나 걸려?"라는 질문은 나중에 하고, 먼저 그녀의 기분에 눈을 맞춰보자.

그리고 그 이야기에 관심을 가지고 "진짜?"라며 맞장구를 쳐보자.

매우 유치한 방법이라고 생각할지도 모른다. 그러나 상대방의 말에 깊은 관심을 내보이면서 "정말?"이라고 맞장구치는 사람은 그렇게 많지 않다.

대부분은 무미건조한 반응을 보인다.

만약 상대방의 기분에 맞춰서 "진짜?"라고 맞장구칠 수 있다면 '듣는 힘'이 어느 정도 높다고 할 수 있다.

깜짝 놀라면서 "와~ 정말?"이라고 대답하면 상대방의 기분은 날아갈 것이다

"이제 겨우 골프 100타를 깼어."

동료가 기뻐하면서 이렇게 말했다.

"와~ 정말?"

이럴 때는 놀라워하며 반응해주어야 한다.

왜냐하면 그는 이러한 반응을 기다리고 있기 때문이다.

상대방의 마음을 들여다보면 그가 어떤 반응을 기다리고 있는지 알 수 있다.

주변에 "와~ 정말?"이라는 표현을 잘하는 사람이 있다면, 그 톤과 감정표현을 꼭 배워보길 바란다.

칭찬의 "우와~"는 상대방을 달변가로 만든다

"나 다이어트를 해서 5kg 뺐어."

"우와~"

아무리 말수가 없는 사람도 칭찬을 받으면 달변가가 된다. 칭찬의 의미를 담아 "우와~"라고 대답하면 대화도 매우 즐거워진다.

칭찬에 서툴다면 꼭 마음을 담아 "우와~"라고 말해보자. 그 한마디가 칭찬이 된다. 그러니까 이 말을 꼭 도전해보자.

이야기를 들었다면 일단 숨을 크게 들이마시자

상대방의 이야기를 들었다면 우선은 그 기분을 가슴 가득 느껴보자. 그리고 숨을 들이마시자. 이것이 감정표현의 방법이다.

들이마신 숨을 내뱉으면서 "우와~"라고 말해보자. 성량이 커지고, 그만큼 마음도 잘 전달될 것이다.

POINT

"진짜?", "정말?", "우와~" 이 리액션만으로 상대방은 만족한다

상대방의 이야기를 들었다면 우선은 그 기분을 느껴보자. 그리고 숨을 들이마시면서 한 번 더 그 기분을 가슴속으로 천천히 맛보고 숨을 내뱉으면서 "진짜?", "정말?", "우와~" 하고 표현하자. 각각의 기분이 잘 전달되면 상대방은 기분이 매우 좋아질 것이다.

상대방이 좋아하는 3가지 반응

1 진짜?

깊은 관심을 표현하는 것이 중요하다.

2 정말?

놀라움을 의식할 것.

3 우와~

칭찬의 마음을 담아서.

"진짜?", "정말?", "우와~"의 예

상대방의 이야기를 가슴 가득 느낀다.

숨을 들이마신다.

숨을 내뱉으면서……

이 3가지 단어만으로도 대화는 충분히 만족스러워진다.

대화 시작에는
질문하지 말자

"나 지난주에 여행 갔다 왔잖아."

이 말을 들었을 때는 "정말? 어디로?"라고 누구나 질문하게 된다.

그러나 듣기를 잘하는 사람은 대화 초반에 굳이 질문하지 않는다.

왜냐하면 질문이란 말하는 사람이 전달하고 싶은 내용이 아니라, 듣는 사람이 알고 싶어 하는 내용이기 때문이다.

따라서 대화 초반에 질문하면 그 대화는 본래의 의도에서 벗어나기 쉬워진다.

지난주 여행을 갔다 왔다고 말하는 사람은 '여행지에서 있었던 일'을 말하고 싶어서 이야기를 꺼냈을 것이다.

여행지에서 멋진 사람을 만난 것을 말하고 싶을지도 모르고, 맛있는 굴을 먹은 것을 말하고 싶을지도 모른다.

그것은 뒷이야기를 기다려야만 알 수 있다.

공감력이 듣는 힘이다

"나 지난주에 여행 갔다 왔잖아."라는 말을 들었을 때 듣기를 잘하는 사람은 "우와~", "좋았겠다."라고 반응한다.

그리고 부드러운 표정으로 상대가 다음 말을 꺼낼 때까지 조용히 기다린다.

그러면 말하는 사람은 자신이 하고 싶은 이야기를 마음껏 다 꺼낼 수 있게 된다.

말하는 사람이 자유롭게 모든 이야기를 다 할 수 있을 때 대화는 활기가 띤다.

상대방의 의도를 파악한 후에 조금씩 질문하자

조금만 기다리면 상대방이 하고 싶은 말이 뭔지 그 방향이 보일 것이다.

"인터넷에서는 호텔 후기가 좋았는데, 직접 가보니깐 완전 최악이더라고."

이렇게 상대방이 의도한 방향이 보일 것이다. 그러면 이제는 듣는 사람이 질문해도 좋을 차례다.

"후기랑 뭐가 얼마나 달랐는데?"

이렇게 물어볼 수 있다. 이 정도 질문이라면 상대방의 의도에서 벗어난 질문이 아니라서 대화에 방해가 되지 않는다.

내가 만났던 '잘 듣는 사람'

"우리 수강생들의 80%가 말주변이 없어요."

나는 어느 잡지 인터뷰에서 이렇게 말했다. 그러자 여성 편집자가 "80%나요?"라고 반응한 뒤 내 말을 기다렸다.

그리고 내 이야기가 일단락됐을 때 "아까 80%가 말주변이 없다고 하셨잖아요? 그럼 나머지 20%는 말을 잘하나요?" 하고 그녀가 물었다.

그녀는 말 잘하는 나머지 20%의 사람은 왜 커뮤니케이션 학원에 다니는지 매우 궁금해하는 것 같았다.

그러나 내가 이야기하고 있는 도중에 그것을 물어보면 방해가 될 것 같아서 잠시 묻어둔 것 같았다.

그때 나는 '역시 편집자들은 듣는 힘이 뛰어나.' 하고 감탄했었다.

POINT

기다렸다 질문하는 것이 듣는 힘이다

"나 핸드폰 바꿨잖아."

이때 바로 "어떤 핸드폰으로?"라고 질문하지 말고, "드디어 바꿨구나!", "좋겠다."라고 반응한 뒤 상대방의 이야기를 기다리자.

그러면 상대방은 하고 싶은 이야기를 자유롭게 할 수 있게 되고, 대화는 점점 활기가 띨 것이다.

대화 초반에 질문하면 안 되는 이유

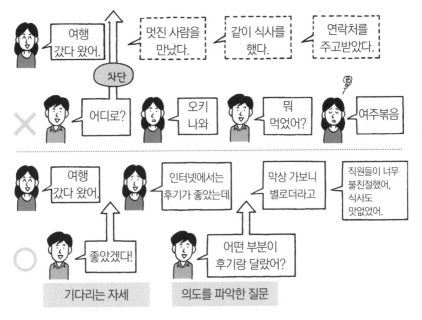

여행 갔다 왔어.

멋진 사람을 만났다.

같이 식사를 했다.

연락처를 주고받았다.

차단

어디로?

오키나와

뭐 먹었어?

여주볶음

여행 갔다 왔어.

인터넷에서는 후기가 좋았는데

막상 가보니 별로더라고

직원들이 너무 불친절했어, 식사도 맛없었어.

좋았겠다!

어떤 부분이 후기랑 달랐어?

기다리는 자세

의도를 파악한 질문

듣기 에피소드, 어느 인터뷰에서

우리 수강생들은 80%가 말주변이 없어요.

80% 나요?

한참 이야기를 끝낸 후에……

조금 전에 수강생 80%가 말주변이 없다고 하셨잖아요.

이야기를 끊지 않으려고 기다려줬구나.

감동

상대방의 말을 끊지 않는 것이 듣는 힘이다.

침묵이 두렵지 않다, 대화가 단숨에 편해진다

많은 사람이 침묵을 두려워한다.

그러나 듣기에 강한 사람은 일부러 침묵을 만든다.

이를테면 상대방이 "올겨울은 난방을 좀 줄여서 난방비를 아껴보려고요."라고 말했다면 "그거 좋은 생각이네요."라고 공감한 뒤 침묵하면서 상대방의 말을 기다린다.

그때는 부드러운 눈빛으로 상대방을 바라보면서 '천천히 말해도 돼요.', '당신을 기다리겠습니다.'라고 생각하면서 기다린다.

그러면 우리의 마음이 상대방에게 전해지고, 상대방도 천천히 생각해야 좋은 이야깃거리가 떠오를 것이다.

침묵하면 상대방이 잘 보인다

내가 강의실에서 가르치는 다양한 기술 중에서 침묵은 수강생들에게 가장 인기가 높다.

가만히 있으면 되니까 편하기 때문이다.

실제로 이 기술을 사용한 수강생 중 한 명은 이렇게 감탄했다.

"천천히 상대방을 바라보자, 상대방이 이야깃거리를 찾고 있다는 걸 알게 되었어요. 지금까지는 내가 이야기하는 데에만 신경을 써서 상대방이 보이지 않았어요. 그래서 커뮤니케이션이 잘되지 않았나 봐요."

상대방의 속도에 맞춰 천천히 이야기하면 된다

대화에 불안을 느끼는 사람은 자주 이런 질문을 한다.

"침묵해도, 상대방이 아무 말 안 하면 어떡하죠?"

그럴 때는 천천히 맞장구쳐주면 된다.

A: "이번에 규슈로 발령이 났어."

B: "규슈로?"

A: "응."

B: "외롭겠다."

A: "아무래도 그렇겠지……."

B: "그래도 좋은 곳이잖아."

A: "아! 예전에 한번 규슈에 갔었을 때……."

이렇게 천천히 속도를 맞춰가면 상대방의 머릿속에서도 이야깃거리가 조금씩 생길 것이다.

부담 없이 기분 좋게 이야기할 수 있게 된다

말주변이 없는 사람은 침묵이 시작될 때 자신이 화젯거리를 찾아야 한다는 책임감을 느낀다. 그래서 대화가 힘든 것이다.

이제부터는 '상대방이 편하게 말할 수 있도록 도와주겠다.'는 입장에 서보자.

그러면 부담감이 줄어들고 기분도 한결 가벼워져서 대화가 즐거워질 것이다.

같이 있을 때 편안한 사람이란 말을 많이 꺼내는 사람이 아니라, 침묵으로 상대방을 기다려주는 사람이다.

POINT

침묵의 시간을 즐기자

침묵을 견디지 못하고 쓸데없는 말만 늘어놓는 사람이 있는데, 그것은 서로가 다 피곤해지는 일이다.

"올해는 아들이 수험생이라 신경 쓸 게 많아요."

이런 말을 들었다면 "신경 많이 쓰이겠네요."라고 말한 뒤 침묵하면서 부드럽게 상대방의 말을 기다리면 된다. 그러면 상대방은 분명 무언가 이야기를 꺼내기 시작할 것이다.

'잘 듣는 사람'은 굳이 침묵을 만든다

말주변이 없는 사람은 침묵을 두려워한다

이야기가
끊겼을 때의 책임감.

침묵은 '악'이다.

어색한 분위기를
만들고 싶지 않다.

상대방의 태도를 볼
여유가 없다.

침묵을 허용하는 관계가 되자!

· · · · · ·

천천히 말해도 돼.

기다리고 있을게.

침묵

마음이 열린 상태

침묵하면 대화가 편해진다.

20대 직원과 대화가
잘 통하는 방법

20대 젊은 직원과 대화하기란 매우 어렵다.

그들은 윗사람과 대화를 나눴던 경험이 적고, 기성세대와는 취미도 생활방식도 전혀 다르기 때문이다.

그래서 20대와 커뮤니케이션하는 것이 매우 어렵다. 그러나 앞으로 기업의 중추를 담당할 사람은 지금의 20대이다.

며칠 전, 이제 막 입사한 젊은 남성이 우리 강의실을 찾아왔다. 우리 강의실을 찾아온 동기를 묻자 그는 상사 때문이라고 말했다.

"너, 오카무라 타카코 알아? 뭐! 몰라? 너랑은 말이 안 통하는구나. 너 어디 커뮤니케이션 학원 같은 데 좀 다녀라."

커뮤니케이션 학원에 다녀야 할 사람은 그 젊은 남성이 아니라 이 상사일 것이다.

상대방에 대해 알려고 하지도 않고, 자신의 이야기만 밀어붙이기 때문이다.

상대방에게 관심을 가져보자

앞에서 말한 상사처럼, 자신이 알고 있는 주제로만 대화했던 사람은 상대방에게 좀 더 관심을 기울여야 한다.

그것은 그 사람이 아침에 몇 시에 일어나는지 정도의 소박한 관심이라도 상관없다.

중요한 것은 상대방의 말에 기분 좋게 맞장구치고, 그 말을 받아들이는 것이다.

"7시 30분! 왜 그렇게 늦게 일어나!"

이렇게 부정적인 반응을 보이면 안 된다.

주제뿐만 아니라 사람에게도 집중한다

20대 중에는 컴퓨터게임이 취미인 사람도 많다.

이럴 때는 "나는 컴퓨터게임에 대해서는 전혀 모른다."고 이야기를 차단하지 말고 다음과 같이 생각하자.

게임이라는 화제만 가지고 이야기하는 것이 아니라, '저 청년은 게임을 좋아하는구나.' 하고 게임을 좋아하는 그 사람에게 집중하는 것이다.

게임 자체에만 관심을 가지면 "어떤 게임?", "한 지는 얼마나 됐는데?"라는 식으로 이야기가 흘러가 대화가 지루해진다.

'내가 저 사람 입장이라면 어떻게 했을까?'가 기본이다

그 사람은 '컴퓨터게임'을 통해서 무엇을 생각하고, 이야기하고, 행동하는지 관심을 가지면 대화의 폭이 넓어진다.

"적을 물리칠 때는 어떤 기분이야?"

"친구들이랑도 게임 이야기를 많이 해? 어떤 이야기를 해?"

"깜박하고 게임기를 집에 두고 외출했을 때는 어떻게 해?"

기본은 '내가 상대방 입장이라면 어떻게 했을까?'라는 상상력을 펼치는 것이다. 상대방에게 관심을 가지면 상상력도 넓어지고, 일의 능률도 올라간다.

"요즘 젊은 사람은 도통 이해할 수가 없어."

이렇게 말한 시점부터 회사에서 뒤처지기 시작할 것이다.

———— POINT ————

주제뿐만 아니라 '사람'에게도 집중하자

주제뿐만 아니라 상대방이 그 주제를 가지고 '무엇을 생각하고', '무엇을 이야기하고', '어떤 행동을 하는지'를 상상해보자.
'내가 그 입장이었다면 어떻게 행동했을지.' 상상하면 반드시 물어보고 싶은 말이 떠오를 것이다.

젊은 사람과 마음을 나눠보자

미래의 회사 주역

20대 젊은 직원들

특징

윗사람과 대화를 나눴던 경험이 적다.

기성세대와는 취미도 생활방식도 다르다.

윗세대와 적극적으로 커뮤니케이션하지 않는다.

상사, 기성세대가 먼저 말을 건네자.

젊은 사람 취미

젊은 직원

컴퓨터, 게임

20대

친구들이랑은 게임 얘기 많이 해?

적을 물리칠 때는 어떤 기분이 들어?

깜박하고 게임기를 집에 두고 나왔을 때는 기분이 어때?

기성세대는 20대와 교류해야만 한다.

137

여성의 마음을
사로잡는 대화법

독자 중에는 지금 여자친구를 찾아 헤매고 다니는 사람이 있을 것이다. 또는 여성 직원 앞에 서면 가슴이 두근거려서 말이 제대로 나오지 않는 사람도 있을 것이다.

집에서도 회사에서도 여성과 잘 지내려면 듣는 힘이 반드시 필요하다.

여성은 '내 말을 잘 들어줄지, 안 들어 줄지'를 남성보다 훨씬 더 민감하게 반응한다. 그래서 여성은 적당히 관심을 주고, 이야기에 맞장구쳐주는 사람에게 마음을 연다.

연애에는 공감력

요즘은 연애도 힘든 시기라고 말한다. 내 강의실에도 연애를 위해 커뮤니케이션 기술을 배우러 오는 남성이 많이 있다.

태어나서 연애를 한 번도 해본 적이 없다는 30~40대 남성, 연애한 지 15년이 넘었다는 40대 남성 등 만만치 않은 수강생도 있는데, 그런 사람도 열심히 배워서 커뮤니케이션 기술을 높이고 자신을 솔직하게 드러내면 운명의 여성을 만나 행복해질 수 있다.

그 결정적인 방법은 공감력을 중심으로 감정을 표현하는 것이다.

"휴일에는 대부분 쇼핑을 하러 가요."

여자가 이렇게 말했을 때 "쇼핑 좋아하시나 봐요." 하고 기분 좋게 맞장구쳐주면 여성과 좋은 관계로 발전할 수 있다.

연애한 지 15년이 넘었다는 40대 남성은 어떤 모임에서 13살이나 어린 여성을 알게 되었다. 그 여성은 그에게 이렇게 말했다고 한다.

"오늘 만나 대화한 사람 중에서 그쪽이랑 나눈 대화가 가장 재밌었어요."

이것은 나에게도 매우 기쁜 일이었다. 말솜씨가 전혀 없던 그가 여성에게 그런 칭찬을 들었다니 말이다. 무척 감개무량했던 기억이 있다.

그 두 사람은 결국 결혼도 하게 되었다.

행복한 이야기는 즐겁게, 슬픈 이야기는 걱정스럽게 듣는 것이 중요하다

여성은 남성보다 대화할 때 감정을 훨씬 더 많이 드러낸다.

그래서 여성과 대화할 때는 분석가의 얼굴을 보여서는 절대 안 된다.

"왜?", "얼마큼?", "그래서?", "앞으로 어떻게 할 건데?"라고 질문하기보다는, 상대방의 마음을 느끼고 그 감정을 공감해줘야 한다.

"꼭 먹고 싶었던 아이스크림을 드디어 먹게 되었어요."

여성이 이렇게 말했을 때는 "정말 좋겠네요."라고 말해야 한다.

"우리 집 강아지가 병원에 입원해서……."

여성이 이렇게 말했을 때는 슬픈 마음으로 "걱정 많겠다."라며 공감해줘야 한다.

이런 짧은 공감만으로도 여성은 자신의 속마음을 털어놓을 것이다.

―――― POINT ――――

여성과 대화할 때는 특히 더 마음을 의식하자

여성과 대화할 때는 즐거운 이야기는 즐겁게, 슬픈 이야기는 슬프게 맞장구쳐야 한다.

"친구들이랑 온천에 여행 갔었어." → "정말 재밌었겠다."

"친구가 소매치기를 당해서……" → "무서웠겠다."

이런 식으로 대화해나가자.

공감을 잘하는 사람이 인기남이 된다

왜?"라는 논리적인 대화보다 공감하며 들어주는 것이 중요하다.

어머니 선물보다
아버지 선물이 더 싼 이유

지금 이 책을 읽고 있는 독자 중에는 자녀가 있는 사람도 있을 것이다. 당신은 올해 어버이날에 어떤 선물을 받았는가?

그리고 당신의 아내가 어떤 선물을 받았는지 알고 있는가?

나는 강의실에서 많은 사람에게 똑같은 질문을 했다. 그런데 어떤 이유에서인지, 아버지의 선물은 어머니의 선물보다 가격이 저렴한 것들이었다.

원인은 아버지의 리액션에 있다

아버지들은 잘 들어야 한다.

누군가에게 선물을 받았을 때 "뭐지, 이거?"라고 반응하는 것이 아버지 세대의 잘못된 리액션이다.

어버이날에 자녀가 성심껏 고른 선물을 고맙단 말 없이 받은 후 그대로 서랍 속에 넣어버렸다는 이야기를 듣고 나는 기겁을 했다.

이러면 가족에게 절대 사랑받을 수 없다. 매년 선물이 작아지는 것도 당연한 일이다.

"내가 딱 갖고 싶었던 건데!"라고 말하며 아이를 안고 방방 뛰라고 말하는 것이 아니다. 주변 사람의 마음을 조금이라도 들여다볼 필요가 있다는 뜻이다.

리액션을 잘하면 가족들이 한발 다가올 것이다

집에서도 회사에서도 왕따라고 생각되는 사람은 자신의 리액션과 표정을 되돌아볼 필요가 있다.

80년대의 '아버지'라고 불리던 그 시절의 엄격한 표정을 짓고 있으면 가족 누구도 말을 걸어주지 않는다.

남자는 은퇴한 후에 가족 품에 돌아간다고 하는데, 그것도 가족의 마음이 얼어붙어 있으면 불가능한 일이다.

직원의 말에는 좋은 반응을 보여주자

이것은 회사에서도 마찬가지다.

직원이 "과장님, 기획서를 만들었는데 좀 봐주시겠어요?"라고 말했을 때, 그 내용에만 집중하다 보면 표정은 점점 심각해진다.

그러면 이후에 더 많은 기획서니 정보는 받을 수 없게 된다.

직원이 기획서를 만들었다는 것, 잘했나 못했나를 따지기보다 기획서를 만들었다는 것, 그것만 보고 반응하자.

그러면 "기획서 만들었다고? 어디 한번 봐볼까?"라며 기분 좋은 리액션을 할 수 있을 것이다.

귀찮아하지 말고, 적극적으로 반응하자

누가 나에게 말을 걸었다. 이것을 귀찮아할 때와 받아들일 때의 반응은 매섭게 갈린다.

귀찮으면 "뭐야!"라는 반응이 나오지만, 나에게 말 걸어준 그 마음을 의식하면 기분 좋은 반응을 할 수 있게 된다.

어버이날에 선물 받지 못하는 이유

최근 행동에 문제는 없었을까?

대답 방식

일상 대화

직원을 대하는 태도

대화가 귀찮다.

일이 피곤하다.

거짓!

남자는 퇴직한 후에 가족의 품으로 돌아간다.

지금부터 태도를 바꾸자.

가족

후배

반응이 좋아지면 가족도 직원도 마음을 연다.

실컷 울고, 실컷 화내고, 실컷 웃자

공감력은 감정 표현력이라고도 말할 수 있다. 사람은 감정을 사용해서 상대방의 마음을 느낀다.

이를테면 액세서리를 구경하면서 걸어 다니는 것을 좋아하는 여성이 있다. 그런 경험이 전혀 없는 남자도 감정을 사용하면 그 여성의 행동을 공감할 수 있다.

"나도 오토바이 보는 걸 좋아해. 잡지나 인터넷에서 좋아하는 오토바이를 볼 때면 가슴이 두근거리는데, 네가 액세서리 볼 때도 그렇지?"

업무, 숫자, 할당량만 의식하지 않는가

최근에는 같은 직장에 다니면서도 인사조차 하지 않는 회사가 있다고 한다. 인사는 해도 아이 콘택트나 따뜻한 말 한마디를 주고받는 직장은 극히 드물다고 한다.

업무, 숫자, 할당량만 머릿속에 가득해 자신의 감정을 잃어버리는 것은 행복과 멀어지는 길이다.

잃어버린 감정을 되찾자

우리가 어딘가에서 잃어버린 감정, 그것은 지금도 우리를 기다리고 있다.

평소 억눌러왔던 감정을 느껴도 된다고 허락할 때, 우리 안에 잠자고 있는 무언가가 분출할 것이다.

놀람을 다시 한번 내 것으로 만들자

이 세상에 막 태어났을 때는 수도꼭지에서 떨어지는 물방울조차 놀라웠을 거다. 그러나 어른이 되면 놀랄 일은 거의 없어진다.

한 번 더 작은 일에 관심을 가져보자.

'아이의 시험 성적이 71점에서 73점이 되었다! 2점이나 오른 것이다!'

'회사 화장실 휴지가 바뀌었다!'

이런 느낌이다.

분노는 가장 억압된 감정이다

분노는 현대사회에서 가장 억압된 감정이다. 물론 분노가 폭발하면 인간관계는 엉망이 될 것이다.

그러나 '신경 쓰지 말자.', '자주 있는 일이다.'라며 참는 것은 마음 건강에 좋지 않다.

'나 지금 화났어.'라고 느끼는 것은 좋은 현상이다. 분노의 감정을 느꼈다면, 무엇 때문에 그렇게 화가 났는지 말하면서 그 감정을 발산하자.

남자도 울어도 된다

'남자는 울면 안 된다.'

이런 생각을 가졌던 옛날 사람들을 원망하고 싶다. 우는 것은 건강에도 좋고, 가라앉은 마음을 빨리 회복시켜주는 묘약이다. 힘들 때나 누군가에게 배신당했을 때는 남자도 눈물을 흘려도 좋다.

———— POINT ————
자신에게 금지된 감정을 해방시키자

우리는 어렸을 때 주입된 사고방식 때문에 울고, 웃고, 화내는 등의 감정 표현을 억누르며 살아왔다.

우리가 가장 많이 참고 있는 감정을 찾아내서 조금씩 그 감정을 발산해보자. 그러면 진짜 나를 만나게 될 것이다.

잃어버린 감정을 되찾자

업무

이익

할당량

야근

스트레스

하루하루가 너무 바빠서 인사조차 나누지 않는 사람이 늘어나고 있다.

감정 해방

크게 웃는다.

남자도 운다.

화낸다.

지금까지 참아왔던 감정을 조금씩 발산하자.

COLUMN 03

프로도 어려운
아내와의 대화

커뮤니케이션 프로도 대화가 막힐 때

커뮤니케이션을 가르치는 프로조차도 대화가 막힐 때가 있다.

내가 가장 어려워하는 것이 결혼한 지 30년 된 아내와 대화하는 것이다.

남편이 말수가 적어 한심하다고 생각하는 세상의 아내들은 나를 보고 집에서도 대화가 끊이지 않는 좋은 남편일 거라고 부러워할지도 모른다.

그것은 개그맨과 결혼하면 매일 남편이 웃긴 얘기를 해줄 것이고, 날씨 요정과 결혼하면 여행이나 골프 치러 갈 때마다 항상 날이 맑을 거라고 생각하는 것과 같다.

밖에서 떠드는 것을 생업으로 한 남자는 집안에서는 거의 말을 하지 않는다. 밖에서 떠드는 것은 돈이 되지만, 집에서는 아무리 떠들어봤자 10원도 안 생기기 때문이다.

또한, 섣불리 말을 꺼내서 쓸데없는 약점이 잡힌다면 황금 같은 저녁 모임에 못 나갈 수도 있기 때문이다.

특히 어려운 것이 아내와 여행할 때다.

부부 중 한 사람이 말을 잘하면 나머지 한 사람은 조용히 있어도 된다. 두 사람 다 말을 잘한다면 대화는 끝이 나지 않는다. 그래서 말하기 좋아하는 사람은 말 없는 배우자를 선택해야 한다.

아내는 말이 없는 조용한 성격으로, 말 잘하는 나와 결혼하면 편할 거 같아서 나와 결혼했다고 한다. 그러나 기차 여행을 할 때 도시락을 먹은 후 내가 조용히 있으면 아내는 불편한 심기를 마음껏 드러낸다.

"선생님, 뭐 재미있는 얘기 없어?"

아내는 이럴 때만 나를 '선생'이라고 부른다. 나는 이 말에 울컥 화가 났다.

재미있는 일이 있었다면 그날 바로 "오늘 아주 재미있는 일이 있었어." 하고 말했을 것이다. 여행을 떠난다고 해서 갑자기 재미있는 일이 생기는 것은 아니지 않나.

보이는 것 전부를 화젯거리로 만드는 작전

이럴 때 나는 창밖으로 보이는 모든 풍경을 화젯거리로 삼는 작전
을 펼친다. 여행이니까 풍경은 도심의 빌딩 숲에서 정겨운 시골로
바뀌어 간다.

"완전 시골이네."

부부의 대화니까 큰 의미가 없는 말이어도 괜찮다.

나중에는 집이든 간판이든 조금 신기한 것이 있으면 모두 다 말로
꺼낸다

"우와! 아직도 저런 간판이 있네."

이러면서 옛날이야기가 시작된다.

그리고 창밖을 가리키면서 말한다.

"저 산 위에 집이 있으면, 그건 귀가가 아니라 등산이 되겠지?"

이렇게 시시한 대화를 주고받는 동안에 기차는 목적지에 도착한다. 역시 여행은 피곤하다고 생각하면서 나는 욕조에 들어가 해방감에 잠긴다.

아마 많은 남성이 내 말에 크게 공감할 것이다. 그리고 커뮤니케이션 전문가도 자신과 다를 바 없다며 용기를 얻을 것이다. 당신도 아내와 여행을 떠날 때는 풍경을 화젯거리로 삼아 여행하길 바란다.

4장
어색한 사이가
극적으로 바뀌는 대화법

'불편한 사람'도 이것만 알면 괜찮다

"요즘 어때?"는
난감한 질문이다

질문은 어렵다. 나는 책을 쓰고 있고 그중에는 베스트셀러도 있지만, 출판과 전혀 관계없는 사람에게서 두근거리는 질문을 받은 적이 없다.

언젠가 한 번은 사적으로 아는 사람을 만나 같이 식사를 했는데, 그때 나는 그 사람에게 내가 쓴 책을 선물했었다. 그런데 그는 책에 관한 질문은 일절 하지 않은 채 밥만 먹었다. 그때 느낄 상실감이란.

내가 알지 못하는 새로운 세계에 사는 사람에게 질문한다는 것은 커뮤니케이션 능력이 상당히 높은 것이라고 말할 수 있다.

"요즘 어때?"라는 질문에 당황한 적은 없는가

요즘 젊은 사람들이 가장 어려워하는 질문이 "요즘 어때?"라고 한다.

질문하는 사람 입장에서 보면 아무 의미도 없는 질문이지만, 커뮤니케이션에 서툰 사람은 이런 질문을 받으면 매우 당황해한다.

집에서도 자녀에게 "오늘 학교 어땠어?"라고 물으면 제대로 된 대답을 들을 수 없다.

본래 "어때?"라는 질문은 대답하기 애매한 물음이다.

"학교는 어때?", "일은 어때?"라는 질문은 묻는 범위가 너무 넓어서 대답이 떠오르지 않아 말문이 막혀 버린다.

따라서 "어때?"라는 질문은 대화를 차단하는 질문 중에 하나일지도 모른다.

질문에 감정을 싣자

질문은 상대방의 상상력을 자극해서 잠든 화제를 발굴하는 역할을 한다.

그러니 질문할 때는 상대방이 말하고 싶어 하는 키워드를 엮어서 같이 질문하자.

대화에 활기가 띠는 대답은 언제나 감정에 있다. 질문에 감정을 더하면 이렇다.

직장에서 젊은 직원에게는 "회사에서 뭘 할 때 가장 즐거워?", "하기 싫어 죽겠는 일은 뭐야?" 자녀에게는 "학교에서 뭘 할 때 가장 재밌어?", "반에서 좋아하는 사람은 있어?" 이렇게 물어보는 것이다.

상대방이 신나서 말하는 모습이 상상되지 않은가?

사람은 감정을 자극하면 생각이 확 떠오른다.

"우리 회사에서 가장 불편한 사람은 누구인가요?"

이 질문은 어떤가? 갑자기 대답이 확 떠오르지 않는가?

POINT

자고 있는 화제가 점점 깨어난다

단순히 "일은 어때?"라고 묻는 것보다 "요즘 재미있는 프로젝트는 뭐야?"
하고 감정을 자극하는 질문을 하면 상대방은 얘기하기 편해진다.
감정은 생각을 자극해서 잠자고 있는 화제를 깨워준다.

"요즘 어때?"는 대답하기 곤란한 질문이다

질문이 막연해서 대답이 떠오르지 않는다.

감정에 호소하는 질문을 하면 대화는 풍성해진다.

누구나 편안하게
대답할 수 있는 질문

"뭘 물어봐도 '글쎄'라고만 대답하는 남자가 있는데, 어떻게 하면 좋을까요?"

이런 상담을 받은 적이 있다.

이 사람은 어떤 커뮤니케이션이라도 해서 인간적인 거리를 줄여 보려고 한 것이지만, 그렇게 마음대로 되지 않는 사람도 있다.

말주변이 없는 사람 입장에 서서 생각하자

이럴 때는 상대방 입장에 서서 생각하는 것이 제일이다.

아마 이런 타입의 사람은 말 걸어주는 사람이 싫어서 퉁명스럽게 대답한 것이 아닐 것이다.

대답과 동시에 좋은 화젯거리가 나와야 하는데 그렇게 되지 않아서 당황해하는 케이스다.

"A 씨, 이제 회사에 좀 적응했어요?"

"아…… 네……."

이런 느낌이다. A 씨는 적응했다 또는 적응하지 않았다고 말하지 않고, 어떻게 대답해야 할지 당황해하고 있는 상태다.

입이 무거운 사람은 말이 좀처럼 나오지 않는 것과 동시에 신중하게 단어를 고르는 경향이 있다.

대답이 필요 없는 질문으로 상대방을 안심시킨다

이런 유형의 사람에게는 대답할 필요가 없는 질문을 하는 것이 좋다.

이를테면 앞의 예처럼 과묵한 사람에게는 "이제 회사에 충분히 적응한 거 같네요. 다행이에요." 하고 말하는 것이다.

이 질문에는 "네." 또는 "고맙습니다."라는 단순한 대답만 하면 되기 때문에 질문받는 사람도 마음이 편안해진다.

자녀에게는 "너무 게임만 하는 거 같네.", "오늘도 밥 조금 먹을 거지?"라고 말하는 것이다.

그러면 아이는 "응."이라고만 대답하면 되기 때문에 편안하게 이야기할 것이다.

상대방에게 좋은 반응을 요구하지 말고, 대화를 빨리 끝내자

상대방이 "네."라고 대답해준다면 어깨를 가볍게 두드리고 "잘됐네." 하고 짧게 말한 후 그 자리에서 떠나자.

대화가 서툰 사람에게 있어서 긴 대화는 고통일 뿐이다. 재치 있는 대답이나 호의적인 반응도 하기 힘들다.

이럴 때는 대답할 필요 없는 질문을 하고, 애정을 담은 표정과 가벼운 스킨십으로 "당신은 나에게 중요한 사람입니다."라는 메시지를 보내면 된다.

이것을 반복하다 보면 상대방의 태도도 점점 부드러워져서 언젠가는 많은 대화를 나눌 수 있을 것이다.

말주변이 없는 사람에게는 꼬치꼬치 캐묻지 않는다

반응이 좋지 않은 사람에게 좋은 반응을 요구하면 상황은 오히려 역효과가 난다.

"오늘은 비가 엄청 많이 오네."

이처럼 대답이 단순한 질문을 한 후 대화를 거기서 끝내야 한다. 안정감과 친밀감이 서서히 쌓이면 마침내 대화하는 양이 늘어날 것이다.

말주변이 없는 사람에게는 대답이 필요 없는 질문을 하자

“네.”, “고맙습니다.”처럼 간단하게 대답할 수 있는 질문으로 바꾸자

처음에는 반응이 좋지 않아도, 서서히 마음을 열게 된다.

'YES or NO' 질문으로
상대방의 긴장을 풀어주자

아직 마음을 열지 않은 사람과 대화할 때는 그 시작에 신경을 써야 한다.

많은 커뮤니케이션 도서에는 "질문할 때는 폐쇄형 질문(closed question)을 하라."고 쓰여 있다.

"집은 가깝나요?"처럼 대답이 둘 중 하나인 질문이 폐쇄형 질문이다.

"가장 가까운 역은 어디에요?"

이처럼 두 가지 이상의 선택지가 있는 것이 개방형 질문(open question)이다.

그러나 나는 아직 마음을 열지 않은 관계에서는 'YES or NO'로만 대답할 수 있는 질문부터 하는 것을 추천한다.

상대방의 긴장을 풀어주는 'YES or NO' 질문

왜냐하면, 갑자기 "오늘 비는 얼마나 많이 내릴 거 같나요?"라는 개방형 질문을 받으면 대답하기 힘들어지기 때문이다.

그것보다는 "우산 있어요?"라고 묻는 편이 'YES or NO'로 대답하기 쉽고, 마음도 편안해진다.

이 밖에도 이렇게 말할 수 있다.

"오늘은 날씨가 덥네요."

"어제 추웠지요?"

"지하철에 사람 많지요?"

"거리가 꽤 되네요."

이렇게 질문하면서 대화를 시작해보자.

상대방과 연결되는 것에 의식을 집중한다

대화를 시작할 때는 정보수집보다 서로 마음을 터놓는 것이 중요하다.

그러기 위해서도 질문할 때는 부드러운 눈빛과 온화한 표정과 말투가 필요하다.

"여기까지 오는 데 오래 걸리셨죠?"

"네, 한 시간 정도 걸렸어요?"

"아이고, 고생하셨네요."

이렇게 상대방과 아이 콘택트를 주고받고, 공감하고, 동의하는 메시지를 보내야 한다.

이때도 '내가 이야기를 들어준다.'고 생각하지 말고, '서로 마음을 나눈다.'고 생각하면서 대화해야 한다.

그러면 아마 지금까지 불편하게 지냈던 사람과도 마음을 나눌 수 있게 될 것이다.

마음을 터놓으면 대화는 활기가 띤다

이상하게도 마음을 터놓은 사람끼리는 대화가 잘 통한다.

마음이 통하면 이런저런 생각이 잘 떠올라서 서로 공감할 수 있는 이야기가 바로 생겨난다.

이것도 초반에 편안한 시간을 만들어둔 좋은 영향이다.

──── POINT ────
돌아온 대답에는 크게 리액션하자

아직 서먹한 사람과 이야기할 때는 마음을 터놓는 것에 의식을 향해야 한다.

"아직 밖은 춥지?"

"응, 추워."

이렇게 YES or NO로 대답할 수 있는 질문을 하고, 대답이 돌아왔을 때는 크게 리액션하는 것이 하루빨리 친해지는 방법이다.

처음 만난 사람에게는 'YES or NO'로 질문하자

폐쇄형 질문	개방형 질문
둘 중 하나로 대답할 수 있는 질문	대답이 광범위한 질문
집은 가까워요?	가장 가까운 역은 어디에요?

Ⓐ 가깝다

Ⓑ 멀다

대답하기 쉽다!

○○역 △△역 ××역 □□역

△△역 ×역 □×역 ○×역

△×역 □역

아…… 머리 아파……

추천   처음 만난 사람에게는 폐쇄형 질문을

- 오늘은 날씨가 덥네요.
- 어제는 추웠지요?
- 지하철에 사람 많지요?
- 거리가 꽤 되네요?

▶ 네.

아니요.

우선은 마음을 터놓는 것이 중요하다.

대화를 잘하는 사람과 못 하는 사람, 그 차이는 이것이다

대화를 잘하는 사람과 못 하는 사람을 나누는 중요한 요소, 그것은 자신의 세계에서 벗어나 상대방의 세계를 상상할 수 있는가 없는가에 있다.

이를테면 한 여성이 이렇게 말했다고 해보자.

"나 양궁 시작했어."

이때 자신만의 세계에 빠져 있는 사람은 이렇게 대답한다.

"아, 올림픽에서 본 적 있어."

"그 아저씨가 은메달 따서 '중년의 별'이 됐잖아."

"그 사람 원래 고등학교 선생이었대."

이것은 자신의 세계(지식과 경험)에서 한 발짝도 벗어나지 못하고, 상대방의 세계에 관심이 없는 대화다.

이러면 상대방의 세계를 알 수 없다. 무엇보다 자신에게 관심이 없는 그 태도에 상대방은 실망하고, 대화할 욕구를 잃어버린다.

선입견을 버리고, 상대방의 세계를 상상하자

생각이 유연하고 상상력이 풍부한 사람은 자신의 세계를 잠시 옆에 두고 상대방의 세계를 머릿속으로 그려가면서 이야기한다.

그들은 그 세계는 자신에게 있어서 미지의 세계이므로 배워보겠다는 자세로 질문하면서 이야기를 한다.

다시 양궁 이야기로 돌아가 보자.

"할 만해?"

"그게 팔 힘이 꽤 필요하지 않아?"

"10점 맞은 적 있어?"

단순하지만, 상대방이 대답하기 쉬운 질문을 할 수 있다.

상상력을 높이면 대화가 더욱 편해진다

게다가 상상력이 풍부하면 '내가 만약 양궁을 시작한다면 어떨까?' 하고 상상할 수 있다.

"과녁과 활은 어디에서 사지?"

"활을 들고 돌아다니면 사람들이 쳐다보지 않을까?"

"엉덩이에 활을 맞으면 아플 거야?"

등등.

어렸을 때는 누구나 상상력이 풍부한데, 어른이 되면서 대부분이 상상력을 잃어버린다.

대화할 때는, 만약 그것이 이미 알고 있는 주제라도, 자신의 세계에서 벗어나 상대방의 세계를 상상하면서 이야기해보자.

생각지도 못한 전개가 우리를 기다리고 있을 것이다.

POINT

'만약 내가 그것을 한다면'이라는 생각으로

누군가와 대화할 때는 자신의 세계가 아니라 상대방의 세계에 들어가서 이야기해보자.

'만약 내가 그것을 한다면'이라는 발상으로 질문하자. 그렇게 할 수 있다면 성별, 나이, 신분을 뛰어넘어 대화가 잘 통할 것이다.

상대방의 세계(입장)를 상상하자

'만약 내가 그것을 한다면' 하고 상상하자.

불편한 사람과
거리가 줄어드는 마법의 말

남자는 가르치는 것을 좋아한다고 말했다.

가르쳐달라는 말만 들어도 그 혼에 빨간불이 들어와 뜨거워지는 사람이 있다.

이 성질을 잘 활용하면 불편한 사람과도 커뮤니케이션을 잘할 수 있다.

나보다 어린 사람에게 배우자

만약 직원과 거리감을 느끼는 사람이 있다면 그들이 잘하는 것을 파악한 후에 가르쳐달라고 부탁하는 방법을 추천한다.

스마트폰 사용법이나 컴퓨터 지식, 요리 방법 등 아무거나 상관없다.

그러면 멀었던 관계가 순식간에 가까워질 것이다.

특히 자주 실수를 해 자신감을 잃어버린 직원이 있다면, 이 방법을 꼭 사용해보자. 그들에게는 이 방법이 매우 효과적이다. 다른 사람에게 무언가를 가르쳐주는 경험을 통해서 자신감을 되찾을 수 있기 때문이다.

선배, 상사에게는 더욱더 효과적이다

젊은 사람 중에서도 선배나 상사와의 관계 때문에 괴로워하는 사람이 있다.

직원이 무언가 가르쳐달라고 하면 선배는 거의 십중팔구 기분이 매우 좋아진다.

일에 대해 배우고 싶다고 말하는 것도 좋지만, 가장 효과적인 분야는 취미다.

주식, 골프, 낚시 등 그 사람이 잘하는 것 중에 관심 있는 분야를 배우는 것이다.

그러면 휴일이나 퇴근 후에 그들과 만나 취미활동을 하게 되고, 관계가 깊어지면서 신뢰감도 쌓을 수 있다.

"선배, 저도 이제 주식을 좀 시작해볼까 하는데, 잘하는 방법이 있을까요?"

이렇게 말하면 선배의 마음을 사로잡을 수 있다.

여성이라면 남성의 마음을 사로잡는 사랑의 마술이 된다

만약 당신이 여성이라면 가르쳐달라는 말은 남성의 마음을 사로 잡는 사랑의 마술이 된다.

남성은 다른 사람을 도와줌으로써 자기 능력에 자신감을 갖고 동시에 큰 행복을 느낀다.

그것은 애인이나 남편도 마찬가지다. 무언가를 가르쳐달라고 하면 기쁘게 가르쳐준다. 그것만으로도 사랑은 깊어진다.

이 말을 하면 상대방은 더욱더 만족해한다

무언가를 배웠다면 그 후에 반드시 "정말 많은 도움이 됐어."라고 몇 번씩 말하자. 이 말이 결정타다. 가능하면 주변 사람에게도 "○○ 씨가 가르쳐줘서 정말 많은 도움이 됐어요."라고 말하자. 그러면 알려준 그 사람과 매우 친밀한 사이가 될 것이다.

─────── POINT ───────
가르쳐달라고 말하면 남자는 매우 기뻐한다

그 사람이 잘하는 분야에 대해서 가르쳐달라고 부탁하는 것은 좋은 관계를 만드는 계기가 된다.

배운 것은 완전히 익혀서 나중에 보여주자. "정말 많은 도움이 됐어요."라는 말도 절대 잊지 말도록.

불편한 사람에게 무언가를 배우자

가르쳐달라는 말은 선배 후배 상관없이 모두에게 효과적이다.

상대방을 침묵시키는
"왜 그래?"

어느 중소기업 사장이 나를 찾아왔다. 그는 자수성가한 경영자였다.

그는 요즘 젊은 사람들이 걸핏하면 회사를 그만두는 모습에 당혹감을 느낀다고 했다.

"나는 직원들의 이야기를 다 들어주는데, 그들은 걸핏하면 회사를 그만둡니다. 왜 그런지 모르겠어요."

이것이 그 사장의 말이다.

자세히 물어보니, 그는 이런 식으로 직원과 대화한다고 한다.

직원: "사장님, 이 가격으로는 부품을 만들 수 없어요."

사장: "만들 수 없다고? 왜?"

직원: "인건비도 안 나와요."

사장: "인건비를 줄이겠다는 생각은 왜 못 하는 거야."

직원: "네?"

이렇게 대화하는 것이 드러났다.

"이것은 이야기를 듣는 게 아니라 추궁하는 것처럼 들리네요."

내가 사장에게 말하자 그는 상당히 놀랐다.

"어째서?", "왜?"라고 물으면 상대방은 속마음을 말하지 못한다

당신도 이 사장과 비슷한 말투로 직원이나 자녀에게 말한 적이 있을 것이다.

"왜 그런 걸 해."

"왜 진작 말하지 않았어."

"왜 못 한다고 생각해?"

사실 우리는 "왜?"라고 물으면 마치 혼나는 거 같아서 마음이 불안해진다. 질문한 사람은 그런 의도 없이 물어본 거라도 듣는 사람은 추궁당하는 느낌을 받는다.

그러면 그들의 입에서 나오는 것은 변명이나 발뺌이 되어 건설적인 대화가 이루어지지 않는다.

이런 질문이라면 상대방은 적극적으로 생각한다

누구나 좋은 성과를 내고 싶어 한다. 그러나 다양한 방해물을 만나서 성과를 내지 못할 뿐이다.

　이럴 때는 같이 힘을 모아 해결하자는 뉘앙스로 말하는 것이 좋다.

　"잘 안 된 이유가 있겠지.", "애초에 무리였던 거 같아."

　이렇게 말하면 추궁하는 느낌이 줄어든다.

　자주 지각하는 직원에게는 "지각할 수밖에 없었던 이유가 있겠지."라고 말하자.

　예산 안에서 작품을 만들지 못하는 사람에게는 "애초에 이 예산으로는 무리였구나."라고 말해보는 것이다.

　"그런 말은 어리광을 받아주는 것밖에 안 돼요."

　앞의 경영자는 걱정하며 이렇게 말했다.

　"지각을 할 수 밖에 없었던 이유, 예산 안에서 만들지 못한 이유를 듣는 것만으로 그것을 용서해주는 건 아니에요. 같이 해결책을 찾자는 의미지요."

　내가 이렇게 말하자 그는 그제야 고개를 끄덕였다.

POINT

"왜?"가 아니라 "잘 안 된 이유가 있을 거야."라고 말하자

"왜 못 했어?"라고 물으면 우리는 혼나는 것 같아서 좋은 생각이 떠오르지 않는다.

"잘 안 된 이유가 있을 거야."와 같이 해결책을 생각해보자는 자세를 내보이면 상대방은 안심하고 좋은 생각을 찾아낼 것이다.

"어째서?", "왜?"는 상대방을 추궁하는 말이다

건설적인 대화를 할 수 없다.

함께 해결책을 찾자는 자세를 보일 것.

아이디어를 이끄는
회의 방법

회의에서 아무도 말을 꺼내지 않는다. 직원에게 질문해도 아무 대답이 돌아오지 않는다.

이런 난처한 상황에서 상대방의 멋진 대답을 듣기란 매우 어렵다. 그럼 어떻게 해야 좋을까.

"무언가 좋은 게 있겠지."는 역효과

이때 그들은 아무 생각도 없이 앉아 있는 게 아니다.

저 앞에 있는 권위적인 사람에게 멍청한 소리, 바보 같은 소리를 하면 안 된다는 긴장감에서 말이 나오지 않을 뿐이다.

"뭐야, 아무 생각도 없는 거야?"

"무언가가 있을 거 아니야!"

"다 좋으니까, 아무 말이라도 해봐."

이럴 때 이런 위협적인 말은 역효과를 초래한다.

머리에 떠오르는 생각을 말하세요

효과적인 생각은 편안한 상태에서 태어난다.

그리고 이런저런 대화를 주고받는 동안에 '아, 이거다!' 하고 번득이는 아이디어가 떠오른다.

그래서 처음 꺼내는 말은 아무 가치가 없어도 상관없다.

"머릿속에 떠오르는 말을, 맥락이 없어도 좋으니까 자유롭게 말하세요."

이렇게 말해보자.

맥락 없이 얘기해도 좋다는 말을 들으면 사람은 긴장감이 풀려서 말수가 많아진다. 그중에서 가치 있는 말을 고른 후 "그 말을 조금 더 예쁘게 포장해서 말하면 어떨까요?"라고 조언하면 된다.

그래도 말하지 않는 사람에게는 이 방법을 사용하자

그래도 아무 말을 하지 않는 사람에게는 아직 최후의 방법이 남아 있다. 아무것도 떠오르지 않는다고 말하지만, 사실 그들은 머릿속에 키워드만 떠올리고 있을 뿐이다.

그것을 공략하자.

"머릿속에 떠오르는 단어는 무엇인가요?"

이것으로 단어 하나를 말해줄 것이다.

"그럼, 그 단어에 살을 붙여보세요. 맥락은 없어도 돼요."

하나의 단어가 하나의 말로 그리고 그와 관련된 또 다른 말로 넓혀갈 것이다.

이런 방법으로 이야기를 끌어낸 후 그 말에 공감해주면 상대방은 점차 자신감을 갖고 자신의 의견을 자유롭게 말하게 될 것이다.

아무도 의견을 말하지 않을 때. 그것은 어쩌면 당신이 상대방의 생각을 막고 있을 때일지도 모른다.

───── **POINT** ─────

맥락이 없어도 좋으니까 머릿속에 떠오르는 말을 해보세요

회의에서 아무도 말을 꺼내지 않을 때는 "맥락이 없어도 좋으니까 머릿속에 떠오르는 생각을 말해보세요."라고 말하자.

그렇게 해서 나온 말 중에 가치 있는 것을 찾아낸 후 그것을 좀 더 예쁘게 다듬어서 말해보자고 조언하자. 분명 좋은 아이디어가 생길 것이다.

아이디어가 나오지 않을 때는 분위기를 자유롭게 만들자

상대방의 생각을 막으면 의견은 나오지 않는다.

성적이 나쁜 사람에게는
이렇게 말하자

당신의 아이가 시험에서 80점을 맞았다. 당신이라면 뭐라고 말할 것인가?

대부분은 "무엇을 틀렸는지 알아?"라고 말할 것이다.

그러나 이 말을 들은 당사자는 더욱더 노력해야 한다는 압박감 때문에 스트레스가 쌓이게 된다.

"무엇을 잘해서 80점을 맞은 거 같아?"

우선은 이렇게 물어보자.

잘하지 못한 부분을 지적받고 싶은 것보다, 잘한 부분을 먼저 칭찬받고 싶어 하는 것이 인간이다.

이것은 직원에게도 마찬가지다.

"오늘 자신을 칭찬할 부분은 무엇인가?"

"무엇을 잘해서 오늘의 성과가 나온 거 같나?"

우선은 잘한 부분을 먼저 이야기하고 마지막에 "그럼 앞으로 어떤 부분을 노력해야 할 것 같나?"라고 묻는 전개라면 당사자도 의욕이 생길 것이다.

"오늘 반성할 부분은 무엇인가?"

처음부터 이렇게 묻지 말고 칭찬할 부분부터 말하자.

자녀가 시험에서 25점을 맞았다면

그럼 아이가 시험에서 25점을 맞았다면 어떻게 할 것인가.

보통 부모라면 "공부 안 하니!"라며 꾸짖을 것이다.

이럴 때도 아니, 이럴 때야말로 "이번 시험에서 맞힌 문제는 뭐야?" 하고 부드럽게 다가가자.

많은 사람이 25점은 매우 낮은 점수라고 생각한다. 그러나 25점은 25% 이해했다는 증거다. 그 이해한 부분을 먼저 물어보길 바란다.

그러면 본인도 자신감을 가질 것이다. 그리고 나머지 25%도 이해할 가능성이 크다.

그러면 50점이 되는 것이다.

직원이 업무 10개 중에 한 개만 달성했을 때도 마찬가지다.

"이 한 개는 어떻게 한 거야?"라고 물어보자. 그러고 나서 나머지 2개, 3개를 할 수 있는 부분을 넓혀가면 마침내 혼자 힘으로 10개를 다 끝낼 것이다.

'화를 내야 움직인다'는 오해

아직도 '사람은 화를 내야 움직인다.'고 착각하는 사람이 많이 있다. 하지만 그것은 사람의 의욕을 빼앗을 뿐이다.

"지금 할 수 있는 것은 뭐야?", "그 힘은 어떻게 생겨났어?"

이첨럼 부모나 선배가 따뜻하게 다가가 줘야 비로소 사람은 의욕을 내고, 능력을 키운다.

POINT

할 수 있는 것을 물으면 의욕이 올라간다

일의 성과가 나오지 않는 사람에게 무엇을 왜 못 했는지 묻기보다, 지금 무엇을 잘할 수 있는지 긍정적인 면부터 물어보는 편이 좋다. 그러면 상대방은 의욕을 낼 것이다.

'잘한 부분'을 먼저 얘기하자

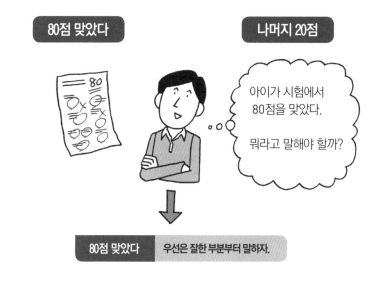

80점 맞았다

나머지 20점

아이가 시험에서
80점을 맞았다.

뭐라고 말해야 할까?

80점 맞았다 우선은 잘한 부분부터 말하자.

무엇을 잘해서
80점 맞았어?

수업 시간에
선생님 말씀을
잘 들었어요.

점수와 관계없는 '잘한 점'을 칭찬하자.

책임감 없는 직원에게는
이렇게 말하자

어느 기업의 간부가 직원 육성을 위해 재고관리 업무를 맡았는데, 재고가 맞지 않은 적이 많았다고 한다.

"저는 그날 휴가여서 아무것도 모릅니다."

"아르바이트생이 마음대로 재고 물량을 옮겨버렸습니다."

이유를 묻자 이렇게 남 탓만 하고 책임감을 전혀 못 느끼는 것이 괘씸했다고 한다.

이 경향은 40대, 50대 사람에게도 잘 나타난다.

책임감이 없으면 회사생활에도 큰 영향을 미친다.

"만약 자네에게 10%의 책임감이 있다면, 그것은 무엇인가

지금까지 우리 회사는 실수해도 혼내지 않는 구도였다. 그래서 실수했을 때 책임을 회피하는 사람이 나와도 어쩔 수 없었다.

이렇게 책임을 회피할 때는 다음과 같은 질문이 효과적이다.

"만약 자네에게 10%의 책임감이 있다면, 그것은 무엇인가?"

모든 책임을 짊어지기는 싫지만, 10% 정도라면 생각해볼 만할 것이다. 이것은 상대방의 마음을 편안하게 만들어 놓은 후에 문제 해결책을 만드는 질문이다.

조금 더 멋있게 "지금 이 상황에서 자네가 할 수 있는 최고의 행동은 무엇인가?"라고 말할 수도 있다.

앞의 간부가 이 방법으로 물어봤더니 "재고관리 방법을 주변 사람에게 꼼꼼히 알려주지 못한 게 잘못입니다." 하고 직원들은 자신의 실수를 고백했다고 한다.

다음 날 아르바이트생을 포함한 팀 전원이 재고관리 방법을 재검토했고, 다음 달부터는 재고관리 실수가 67%나 줄었다고 한다.

실패도 칭찬하면 조직은 활성화된다

일하다 보면 실수는 당연히 생긴다. 윗사람이 그것을 나무라면 아래 사람은 힘을 잃게 된다.

어느 기업의 간부는 지금까지 실수한 것을 모아 일 년에 몇 번 '실수 발표회'를 연다고 한다.

왜 실수했는지, 왜 계획이 어긋났는지, 어째서 실수한 것을 빨리 눈치채지 못했는지, 실수했을 때 어떤 생각을 했는지, 앞으로의 대

책은 무엇인지 등등.

이러한 것을 전 직원 앞에서 발표하고, 우수자에게는 상금을 준다고 한다. 실수도 표창하는 조직은 앞으로 무서운 힘을 발휘할 수밖에 없다.

───── **POINT** ─────
실수는 재발 방지를 위한 경험이다

실수에 책임감이 없는 직원에게는 "자네에게 10%의 책임이 있다면 무엇일까?" 하고 질문하자.

실수란 사람을 혼내는 도구가 아니라, 앞으로 예상되는 실수를 방지하는 훌륭한 경험이다. 실수를 이렇게 인지하면 모두 숨기지 않고 실수를 고백할 것이다.

실수한 직원을 꾸짖어도 바뀌는 건 아무것도 없다

질문 방법을 바꿔보자

실수 ✕   꾸짖는 도구   실수 ○   재발 방지를 위한 훌륭한 경험

실수는 또 하나의 좋은 경험이다.

의견이 대립할 때는
상대방의 이야기를 철저하게 듣자

어느 부품 회사에서는 분산된 조직을 10년마다 재통합한다고 한다.

10년 동안 각기 다른 곳에서 활동하기 때문에 일의 진행 방향, 사내의 가치 기준, 인사 조직 등도 마치 다른 회사처럼 각각 다르다고 한다.

그것을 재통합하는 노력은 여간 힘든 일이 아니다.

아니나 다를까, 실무를 담당하는 직원들 사이에서 험악한 분위기가 감돌았다.

A 씨는 그런 사내 분위기에 위기감을 느껴서 내 강의실을 찾아왔다고 한다.

"물론 나도 이야기를 들을 생각은 있지만, 저 사람들의 이야기를 전부 들어줄 수는 없잖아요."

상대방이 옳다고 생각하는 것을 끝까지 들어라

누구나 자신의 생각과 가치관, 지금까지 해온 방법이 최선이라고 생각한다. 사람은 자신이 가장 옳다고 생각하며 행동하기 때문이다.

A 씨도 상대방의 이야기를 듣고 있다고는 하지만, 이야기 도중에 자신에 대한 부정적인 발언이 나오면 목에 핏대를 세우고 반론을 시작할 것이다.

그러나 이럴 때는 상대방이 무엇을 가지고 정당하다고 하는지를 끝까지 들어봐야 한다. 이를테면 이렇게 질문해보자.

"당신의 방법이 왜 정당한지 말해주세요."

"내 방법이 왜 틀렸는지를 알려주세요."

"당신의 방법이 회사에 어떤 이익을 주는지 알고 싶습니다."

"내가 긍정적으로 받아들일 수 있는 부분을 알려주세요."

사람을 설득할 때 중요한 것은 상대방의 말을 철저하게 듣는 것이다.

자신의 이야기를 부정하지 않고 들어주는 사람에게는 누구나 친밀감을 느끼고, 생각을 공유할 마음이 생긴다.

그리고 사람은 생각을 말로 표현하다 보면, 자신의 생각과 방법에 결점을 보게 된다.

내 의견에 대해서 어떻게 생각하는지 물어보자

상대방의 생각을 분명히 알았다면, 내 의견도 전달해보자. 그리고 이야기 끝에 "나는 이렇게 생각합니다. 당신은 이 생각을 어떻게 생각하십니까?" 하고 상대방의 감정과 생각을 다시 물어보자.

이렇게 하면 누가 맞는지 틀리는지 싸우는 것이 아니라, 서로의 생각에 다가가 상호이해하는 방향으로 나아갈 수 있다.

이렇게 의견을 맞춰나갈 수 있으면, 적을 내 편으로도 만들 수 있다.

POINT

의견이 대립할 때는 상대방의 생각을 들어보자

의견이 대립할 때는 서로 자신의 말이 옳고 상대방의 말이 틀렸다고 생각하기 쉽다.

그럴 때야말로 '당신이 옳다고 생각하는 그 이유를 듣고 싶습니다.'라는 자세로 질문하자.

회사에서 의견이 대립한다면…….

서로 가치관이 다를 때 자신이 옳다고 생각하기 쉽다.

철저하게 들으면 상대방은 자연히 마음의 문을 연다.

나의 커뮤니케이션은
상대방이 불신할수록 기분이 좋다

좋은 기분에도 한계가 있다

나는 사람들이 깜짝 놀랄 만큼 항상 기분이 좋다. 하지만 도가 조금 지나치다는 어려운 점도 있다.

대부분 남에게 신경 쓰지 않게 된 현대사회에서는 내 행동에 위화감이나 불신감을 품는 사람이 적지 않다. 지금같이 어지러운 세상에서는 많은 사람이 '호의'는 무언가 의도된 연기라고 믿는다.

이를테면 술집이나 초밥집에 들어갈 때다.

나는 처음 방문하는 곳이라도 가게 사람들에게 활짝 웃으며 인사를 한다.

아이 콘택트는 상대방의 눈동자를 응시하고 가볍게 인사하는 것부터 시작한다.

그러면 개중에는 나를 의심스럽게 바라보는 가게 사람도 있다.

'이 남자는 무언가를 노리고 있다. 마음 단단히 먹자.'

이런 긴장감 넘치는 표정으로 나를 바라본다. 자리에 앉은 나를 보고 나서야 겨우 '손님이구나.' 하고 안도한다.

다음은 편의점에서 일어난 일이다.

"안녕하세요. 어서 오세요."

직원의 형식적인 인사에 대답하는 손님은 거의 없다. 나를 제외하고는.

"아~ 안녕하세요."

당황해하는 점원.

'거래처 사람인가? 뭐야, 손님이잖아.'

이런 태도로 나를 쳐다본다.

이 기질은 쇼핑할 때 가장 잘 드러난다.

귀금속 가게에 들어가면 가게 사람들의 무뚝뚝한 대응에 당황해하는 사람도 있다.

그들은 "어서 오세요."라는 말도 조심스럽게 하고, 손님에게 경계심도 쉽게 풀지 않는다.

그러나 나는 가게 사람과 눈을 마주치고 활짝 웃으면서 "안녕하세요." 하고 밝게 말하며 들어간다.

"마음에 드시는 물건 있으면 말씀하세요."

"있어요, 있어요. 바로 이거예요."

나는 적극적으로 대답한다.

이쯤 되면 베테랑 직원으로 바뀐다.

"이 다이아는 ○○제품으로 다른 제품과는 빛이 다른데, 알고 계세요?"

내 손가락에 그 다이아를 끼우면서 보여준다.

"우~와~"

상당히 경쾌한 내 반응에 베테랑 직원도 웃음을 터트린다.

그리고 나서 '저 사람은 뭐 하는 사람일까?' 하는 호기심 어린 눈으로 나를 바라본다.

나는 쇼핑할 때 그다지 망설이는 편이 아니라서 "그럼, 이걸로 주세요." 하고 경쾌하게 말한다. 이쯤 되면 가게 사람들은 내 옆으로 다가와 나와 베테랑 점원이 나누는 이야기를 엿듣는다.

낯가림이 심한 사람이 이 이야기를 들으면 '사람을 너무 가볍게 대하는 거 아닌가?' 하고 걱정할지도 모른다. 그러나 술집도 초밥집도 편의점도 귀금속 가게도 처음에만 경계할 뿐 다음에 만나면 웃는 얼굴로 나를 맞아준다. 게다가 서비스도 많이 준다.

개중에는 1년 만에 가게를 찾아도 나를 반겨주는 사람이 있다.

모르는 사람과 사귀는 것은 정말 즐겁다.

단 7초 만에 상대를 사로잡는

대화의 기술

초판 1쇄 인쇄 | 2023년 6월 07일
초판 1쇄 발행 | 2023년 6월 12일

지은이 | 노구치 사토시
옮긴이 | 권혜미
펴낸이 | 최근봉
펴낸곳 | 도서출판 넥스웍
등록번호 | 제2014-000069호
주소 | 경기도 고양시 일산동구 장백로 20 102동 905호
전화 | 031) 972-9207
팩스 | 031) 972-9208
이메일 | cntpchoi@naver.com

ISBN   979-11-88389-45-2 (13190)